# She is so cute!!

ダウン症のある茉莉衣（まりい）ちゃんは、とってもキュートな6歳（※2024年2月現在）の女の子。お母さんの瑞穂さん、お父さんのブルースさん、お兄ちゃんのエイデンくん、お姉ちゃんの璃莉（りりい）ちゃんに囲まれ、すくすく成長しています♡

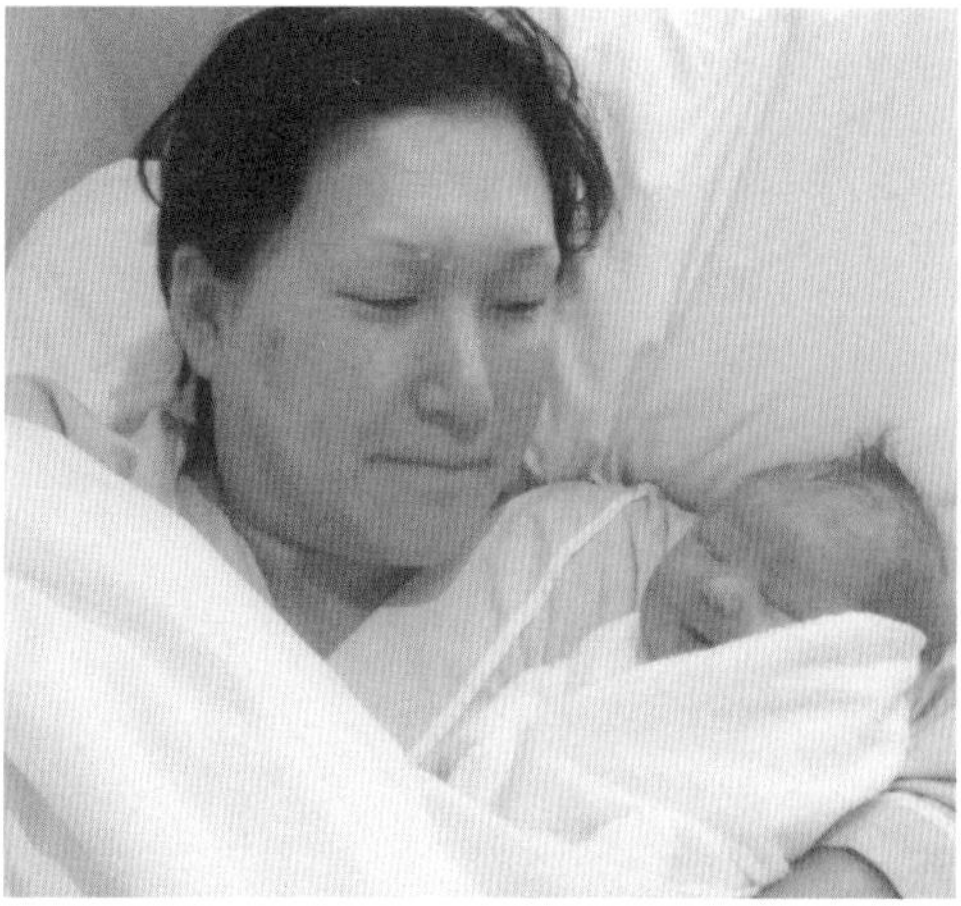

# ヒーローズ・ジャーニー

本書のステップ78～99に相当する著者によるイラストは、タロットカードの大アルカナにインスピレーションを得て描いたもの。0.愚者から21.世界までのヒーローズ・ジャーニーになっています。カバーイラストの全貌も。

1.魔術師(ステップ79)

0.愚者(ステップ78)

3.女帝(ステップ81)

2.女教皇(ステップ80)

5.教皇（ステップ83）

4.皇帝（ステップ82）

7.戦車（ステップ85）

6.恋人（ステップ84）

9.隠者(ステップ87)

8.力(ステップ86)

11.正義(ステップ89)

10.運命の輪(ステップ88)

13.死神（ステップ91）

12.吊るされた男（ステップ90）

15.悪魔（ステップ93）

14.節制（ステップ92）

16.塔（ステップ94）

17.星（ステップ95）

18.月（ステップ96）

19.太陽（ステップ07）

21.世界（ステップ99）

20.審判（ステップ98）

カバーに使用された絵はコウノトリに運ばれてきた赤ちゃん。コウノトリの羽にはFaith（信じること）、Hope（希望）、Charity（他者への思いやり）のシークレットメッセージが。

# ダウン症それがどうした⁉と思えるママになるための100のステップ

## ～まりいちゃんが教えてくれたこと

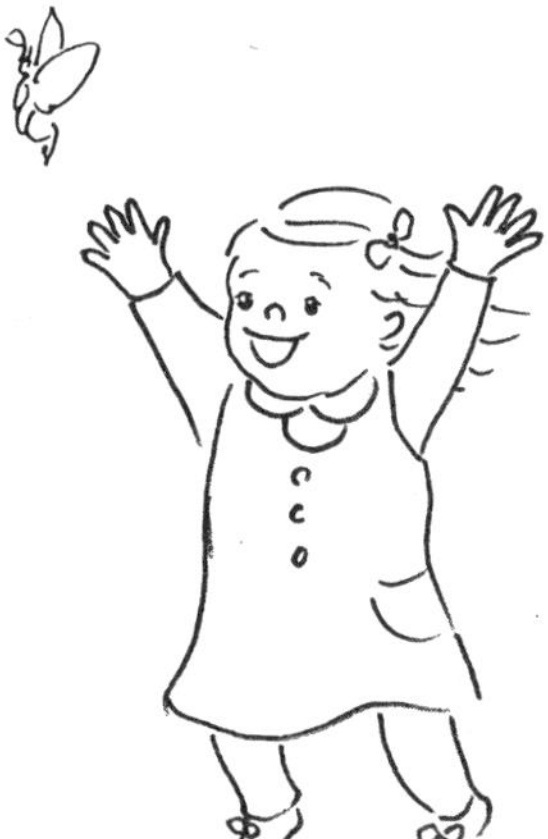

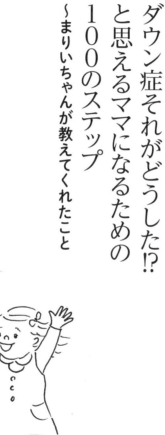

目次

ステップ0　【序章】茉莉衣《まりい》がダウン症の告知を受けた頃の話……16
ステップ1　知っておく。I know.……39
ステップ2　感情の振り子……40
ステップ3　気を付けないと、と意識する……42
ステップ4　連絡をしておく……44
ステップ5　食料品を買い込み、冷蔵庫をパンパンにしておこう……46
ステップ6　Grief（グリーフ：悲しみ）のトンネルへ……47
ステップ7　怒りの感情を外に吐き出す……48
ステップ8　「もしも」と「なぜ」との交渉の時間を持つ……49
ステップ9　落ち込みの底で手放す……50
ステップ10　あなたの人生に起こったことを受け入れる……51
ステップ11　感情の潮の満ち引きに常に耳を澄ます……52
ステップ12　子供は神様からのお預かりものである……53
ステップ13　上の子供達と、子供に戻って遊ぼう……55
ステップ14　あなたが13歳から16歳くらいに好きだった歌を聴こう……56
ステップ15　本をしばらくは友達にしたらいい……57

ステップ16 スワンになるのだ……58
ステップ17 SNSに「いいね♡」をつけていく作業の重要性……59
ステップ18 楽しみな目標を設定する……61
ステップ19 子供の心に残るあなたについて考えてみる……62
ステップ20 ロバの耳ノートに全て吐き出す……64
ステップ21 子供達の将来は、想像以上に新しい可能性が広がっていることを知っておく……66
ステップ22 あなたはどちらの道を選ぶ?……67
ステップ23 ジェダイママになるための修行の始まり……71
ステップ24 緊張するスケジュールが入っている日には、目一杯オシャレをして挑むべし……73
ステップ25 一度分解して一つ一つ向かい合って考えてみる……75
ステップ26 ダウン症とは何でしょう?……77
ステップ27 ダウン症について考えてみよう……78
ステップ28 普通って何だ?……80
ステップ29 お腹から声を出す……83
ステップ30 人の着ているTシャツのメッセージはきっと天からあなたへのメッセージ……84
ステップ31 あなたに本当の友人はいる?……85
ステップ32 明るい色の服を、あなたも子供も着よう!……87
ステップ33 大人のあなたは子供の目からどう見えるか、想像してみて……88

ステップ34 神様からのあなたへのギフト……90
ステップ35 私の長所って何だと思う？　ちょっと言ってみてくれないかな？……91
ステップ36 現実を受け入れるということ……92
ステップ37 無意識の行動、影との戦い……93
ステップ38 今自分は人生の黄金期を生きているということを自覚せよ……95
ステップ39 暗い妄想の雲……96
ステップ40 将来の不安、心配の妄想雲を消す処方せん。長過ぎる前説……98
ステップ41 幸せなイメージの作り方。将来を不安に感じた時の処方せん①……101
ステップ42 幸せなイメージの作り方。将来を不安に感じた時の処方せん②……102
ステップ43 子供とあなたが一緒に写っている写真を残そう……104
ステップ44 あなたと子供が周囲から見られることに慣れよ……106
ステップ45 他人の視線が気にならなくなる技。出かける前の準備……108
ステップ46 ジロジロ視線が気にならなくなる技の設定……110
ステップ47 理想はナマステの状態……111
ステップ48 魚リセット……112
ステップ49 魚リセットの続き……113
ステップ50 幸せノートを作ろう……115
ステップ51 生まれてきた我が子にダウン症があることは、

自分にとって良いことだったんだ！　ということに気付く……116
ステップ52　糸玉を解いておく……118
ステップ53　1つ目の糸玉……119
ステップ54　もう1つの糸玉……120
ステップ55　ダウン症のある人が天使だと言われる理由の考察……122
ステップ56　ダウン症のある人が天使だと言われる理由の考察、続き……123
ステップ57　ダウン症のある人が天使だと言われる理由の考察の答え……124
ステップ58　他人がああだこうだ言ってくることは気にしちゃいけない……126
ステップ59　あなたの荷物を皆が手分けして
少しずつ持ってくれていることに気付く……128
ステップ60　イッフィーストーリータイム……129
ステップ61　言い残した3つの言葉……131
ステップ62　子供を謙遜しない。あなたは子供の凄腕秘書……132
ステップ63　お手本を探す……134
ステップ64　意識的にいろいろなカテゴリーの友人と話す……136
ステップ65　あなたの子供は魔法が使えるということに気付く……139
ステップ66　あなたはどんなママになりたいと願う？……140
ステップ67　大人だから、母親だからと、しっかりしようとしなくていい……142

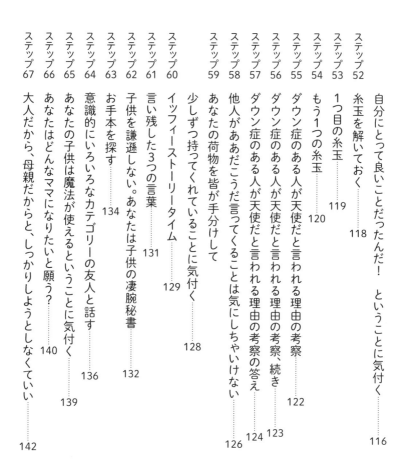

ステップ68　いい感じの芝生を見つけたら、思い切って寝転がってみる！……143
ステップ69　あなたの気分が上がるアミュレット（お守り）をゲットせよ！……144
ステップ70　断捨離、断捨る、そんな関係は断捨れば!?……146
ステップ71　久々の再会　イニシエーション for you……148
ステップ72　祈る……150
ステップ73　祈り方……151
ステップ74　私はこう思う！　とサラッと言えるようになろう
（本題の前の脱線話も含む）……153
ステップ75　あなたの嫌いな言葉……158
ステップ76　旅に出る前に……161
ステップ77　人生はまるでイタリア旅行のようなもの……166
ステップ78　一見愚かなはじめの一歩……169
ステップ79　逆から始める魔法……171
ステップ80　直感を研ぎ澄ます……174
ステップ81　マザーフッド（母性）……176
ステップ82　ファーザーフッド（父性）……179
ステップ83　あなたの準備ができた頃、メンターは自然と現れる……181
ステップ84　自分を愛することから始めよう……183

ステップ85 光と影の両方がないと真っすぐには走れない……185
ステップ86 膝の上の獅子、喉を鳴らす……188
ステップ87 己を知る……189
ステップ88 あなたの持っているものを数えてごらん……192
ステップ89 もう怒ってないよ……193
ステップ90 歩調を変える……196
ステップ91 もう一度飛び立つためには、一度完璧に灰にならなくてはいけない……198
ステップ92 トワイライトタイム……200
ステップ93 あなたが縛られているもの……201
ステップ94 塔の再生……202
ステップ95 パンドラズボックス……204
ステップ96 Mother Moon……206
ステップ97 いつも心に太陽を……207
ステップ98 それがどうした!?　それでどうした!?……208
ステップ99 ワンネスの法則……210
ステップ100 スピリット オブ ダウンシンドローム……213
ステップ101 【おまけ】子育てが始まってからの家族のこと……214
あとがき……220

ステップ0【序章】

# 茉莉衣《まりい》がダウン症の告知を受けた頃の話

親愛なる私の3人の子供達へ。
大人になったらいつか笑って読んでください。
まりいがダウン症の告知を受けた頃の話です。

私は、子供は神様からのお預かりものだと思っている。何か宗教を信仰しているわけでなく、ここで私がイメージしている神様というのは、子供がクレヨンで一本描きしたような神様だ。子供の頃に信じていた、雲の上に住んでいて、白い長いひげで白い服を着ている。そして何でも不可能なことを可能にできる魔法の杖を持っている。サンタさんのような存在。困った時やほしいものがあればいつもお願いしていた、そう、あの神様！

神様が「私はあなたを信じています。あなたのベストを尽くして、この子に太陽のような溢れる愛を与え、見守ってあげて。それじゃ頼んだよ」と言って私の膝に産まれたての赤ちゃんをそっと置き、私は赤ちゃんを預かったのだ。

その赤ちゃんがダウン症があろうと、他の障害があろうと、私が悲しむのはおかしい。子

供達は皆完璧に美しい神様の体の一部と繋がっているような存在。

子供は親の所有物ではなく、神様からの預かりものなのだから、親は子供に依存しても、大人だからって偉そうにしても、自分の考えやできなかった希望を押し付けたり、理不尽に怒ってもいけない。

親は自分がなぜこの子の担当に選ばれたのか、その理由をシャーロック・ホームズのように根気よく探りながら、愛を持って子供サイドに寄り添って、子供がつらい時には何がつらいか聞いてやり、子供が困った時には、大人は生きている時間が子供より長い分経験が多いから、何か上手く切り抜けられる方法はないかを一緒に考えてやるのが仕事。子供が悲しいのなら隣で悲しむ。一人で歩くのが怖いと言えば一緒に隣を歩いてあげればいい。

私は子育てで行き詰まった時に、そう考えるようにしている。

自分の子供だと思うと、どうも周りと比べて同じようにしてほしいとつい型にはめたくなってしまうから。神様からのお預かりものだからと思うと、自分と子供の間にリスペクトし合えるいい距離感ができて気持ちが軽くなる。その子の良いところが見えてくる。

私には、男の子1人、女の子2人の合計3人の子供がいて、3人目の女の子、まりいも上の2人を出産した同じマタニティークリニックで帝王切開で出産した。

同じマタニティークリニックで3度目の帝王切開手術での出産ということで、出産後の入院スケジュールの流れも、トイレや自動販売機の場所も、何もかもわかっていた私は、入院中に出される豪華な料理や退院前についてくるフェイスエステ、久々に味わえる一人だけの静かな時間など、1週間半の出産入院を、一人で温泉旅行にでも行くのかというほど、指折り数えて楽しみにしていた。

そこには1ミリの不安すらなかった。

産まれてくるのは女の子だと知っていたので、赤ちゃんに退院の時に着せる新生児服を入院用のバッグに入れたり出したりしてみては、これを着たらどんなにかわいいだろうなと想像して楽しんでいた。どんな顔をしてるだろう？　どんな性格の子だろう？　髪の毛は明るい色かな？　私の考えることはそんなことくらい。まさか1000分の1の確率の赤ちゃんが私のお腹の中にいるとは、全く想像していなかった。

予定日より1日早く陣痛がきて、1日早く手術し出産した。出産して横に置かれた赤ちゃんを見て、上の子供達が産まれた時と明らかに何かが違う、と違和感を覚えた。

何か全く違うオーラに包まれている赤ちゃんを見て、「何かおかしくないですか？」と何度も聞く私に、顔見知りの助産師さん達は「何にもおかしくないですよ、かわいいですね！」と繰り返していた。

産まれた時にすぐ、クリニックの院長やベテランの助産師さん達は皆、気が付いていたのだと思う。母親へダウン症の可能性を知らせるにはあまりにも早過ぎる。今お腹を切って縫い合わせたばかりの体にはショックが強過ぎるという配慮で、私には最後の最後まで隠し通してくれていたのだ。

翌朝、「産まれた赤ちゃんに何も体の異常はないけれど、検査のため大きな病院へ今から転院します。その前にお母さんに抱きしめてもらってから行きましょうね」と助産師さんが私の部屋にまりいを連れてきて、まりいを抱いて1枚写真を撮ってくれた。質問をする間もなく、その後すぐまりいは救急車で近くの大きな病院へ救急車のサイレンとともに運ばれていった。その時助産師さんが撮ってくれた写真（P.1の右上）、よく見るとまりいが笑っているように見えるからとても神秘的。私の宝物の一枚だ。

その後私の病室を訪れた院長先生の顔からは、いつもの陽気さは消え、話しにくそうな感じで、私はここのクリニックで入院したまま、大きな病院には傷がもう少し良くなって歩けるようになってから、外出届を出して赤ちゃんに会いに行ったり帰ってきたり、往復することを勧めてくれた。大きな病院は何人もの相部屋だし、居心地の良いところではないからオススメしないと。しかし私は心配でたまらなく、みんなが私に隠していることは一体何なのか知りたくて、頼み込んで次の日の朝、私もまりいが転院した病院に転院することにしてもらった。

マタニティークリニックの1階の待合のソファーで、タクシーを待っている私に一人の助産師さんが「エコーでわかることがあるのに気が付いてあげられなくてごめんなさい」と座っている私の膝に手を置いて泣いていた。何かよくわからないけど大変なことになってしまったと思いながら、タクシーに乗って大きな病院へ着き、新生児集中治療室（NICU）へまりいに会いに行った。

出産後3日目、カメムシにポッキーの日の告知、いや違う、ダウン症の告知を受けることになる。

小さな会議室で、私とアメリカ人の夫、2人の小児科医師、臨床心理士の女性、NICUの看護師の女性、計6人が長机を囲んで座っていた。そして私からすぐ手の届く距離にティッシュ箱が置かれていた。居心地の悪い沈黙の中、長机の上には何枚もの検査結果の紙が広げられていて、書類にはまりいの21番目の染色体が3本あるということ、つまり、まりいはダウン症候群であるということが書いてあった。

医師達はとても慣れた様子でダウン症の説明をした。今のところ合併症は見つからなかったこと。しかし甲状腺の病気や首の緩みがあったり、視力が弱かったり耳が聞こえなかったりする可能性があること。そしてそれらはもう少し大きくなってから検査していかないとわからないということ。知的障害がおそらくあるであろうということ。成長とともにいろいろな検査をしていかないといけないから、頻繁に病院に通うことになるということ。寿命は医学の進歩により延びており大体60歳と言われていること。若年性認知症になりやすいということ。健常者の子供に比べてゆっくりと成長をすること。最終的な成長の具合は個人差や発達障害が合併しているかどうかにもより、成長してみないとわからないこと。

ダウン症の子は優しい子になること、ダウン症の子は産まれた時からダウン症だから、自分がダウン症だから悲しいとかつらいと感じないこと。周りが表情で隠しても人の感情を鋭く読み取る能力があること。ダウン症児のいる家族は団結が強くなり幸せそうな家族が多いこと。ダウン症は病気ではなく、個性であること。そして正直言って、ダウン症について世界中の医師や研究者からしても、まだまだわからないことだらけであること。

「あまり先の未来のことを心配せずに一日一日を生きることに集中して子育てしたらいい。お母さんの太陽みたいな明るい笑顔が、子供にとって一番の栄養ですからね」と言われたのを覚えている。

その後医師は、トリソミー21やエキストラクロマゾンなど、私の聞いたことのない英単語を使って夫に英語で説明をしていた。その声が私には水の中で音を聞いているように聞こえ、うまく聞き取れなくなっていったのを覚えている。

まるで水槽へ捕らえられた魚のように、私はその部屋にいた。水中で私はダウン症は個性なのかと、ハーフでダウン症、日本ではものすごく個性的な子になるだろうなと思っていた。

「退院は順調にいけば11月11日になります」。

一人の医師が夫に「ドゥ　ユゥ　ノウ　ポッキー　ノ　ヒ？」と、突然「あなたポッキーの日知ってる？」と質問し始めた。

おそらく医師はダウン症の告知が毎日のことで慣れ切ってしまっていて感覚が麻痺してしまっているのだなと思った。この落ち込んだ空気を少しでも明るくしたくて11月11日がポッキーの日だと言っているのだけれど、その医師の明るさはこの空間では一人、空回りしてしまっていた。まるで蜘蛛の巣に自らかかってしまったカメムシのようになっていた。

今の私なら「へー！　ポッキーの日なんですか！　知らなかったなぁ、それじゃ退院の帰りにポッキー買って帰ろうかな！」なんて言えるんだけど。

その時は私にはこのカメムシに構う気力なんて少しもなかったので、もう放置するしかない。同じ部屋にいた人も同じように思っていたかもしれない。もうこんな空気の読めないカメムシなんて蜘蛛にぐるぐる巻きにされて食べられてしまったらいいと。

あれ？　おかしいな、僕の英語が通じてないかな？　とでもいう感じで、医師はもう一度細かく違う言い方で根気よく夫に英語で説明を続けていた。「赤ちゃんの退院の日は11月11日で1が4つあるからポッキーの形みたいで、日本でポッキーというチョコレート菓子があって、あっ！　食べたことある？　ポッキー？」。

なぜかものすごく目の前のアメリカ人に、ポッキーの日を教えたい、動けば動くほど蜘蛛の糸に絡まってもう自由に身動きが取れなくなってしまったカメムシ。その日本のチョコレート菓子とまりいのダウン症の関係を考え、一体この日本人医師は僕にこの場で何を伝えたいんだ？　とより深く考え過ぎて混乱している夫。

今あの光景を思い出すと吹き出して笑ってしまうのだけれど、あの時は全く笑えなかった。ちょっと助けてくれないかな？　という目線を送ってくる夫とカメムシ。下手に触ってしまうと次はもっと悪臭を放つ可能性があるので、私は2人とできる限り目を合わさないようにして、少し傾いて壁に掛かっていた、秒針の音が妙に大きい安っぽい掛け時計の針を放心状態でじっと見つめて、泣いていた。

カチカチカチカチ……時間はいつだって未来へ前進して動いている。リズムを刻み続ける秒針はドラムや心臓の音にも似ていた。私も時の流れに飲み込まれ、癒されて状況に慣れていくのだ。そしていつかそれが何でもなくなって、それが当たり前の生活になっていく。

神経質ないつもの私なら、その時計の傾きが気になって無性に直したい衝動に駆られ、立ち上がって真っすぐにしたのだろうけれど、その日の私は腰の力が抜けて椅子にくっついてしまったように、体の力が抜けてしまって立ち上がれなかった。傾いたままでいいや。

強くなろうと無理をしてはいけない。強くなる必要はないからだ。でも、自分は弱いと隠れ、逃げ回り続けていても前進はない。ただ現実を真っすぐに受け入れ順応するのだ。変化に適応できる者だけが生き残れる。

きっとたくさんの両親にダウン症の検査結果の説明を繰り返してきた小児科の医師にとってみたら、私のリアクションはごくごく見慣れた母親の反応であったのだろうと思う。ただただ泣き崩れて、絶望真っ暗闇だった。

想像していた出産とは違ったこと、突然全く知らない世界へ足を踏み入れてしまったことへのショックと、予想が全くできない今までと違う子育てへの不安と恐怖に震え上がり、パニック状態になり泣いていた。

未来を先走りして考えてはいけないと言われたのに、私は未来を何十年も先走りし、勝手に妄想して、より深く落ち込んで泣いていた。上の2人の子供達に将来迷惑をかけてしまうのではないか？　彼らに重荷を背負わせてしまったのではないか？　ダウン症のきょうだいがいることで2人が好きな人と結婚できなくなってしまうのではないか？　赤ちゃんは話すことができるのか？　将来結婚できるのか？　子供を持てるのか？　自立することができるのか？　仕事はできるのか？　私と夫が死んだ後、一人ぼっちになってしまうのではないか？

自分で作り出したネガティブな妄想の連打の攻撃を受け、私は落ち込んでいった。落ちに落ちて地面を掘り、どんどん下へ下へ地底を掘って降りていき、たぶん日本からオーストラリアまでたどり着いていた。オーストラリアで穴から顔を出した私は、コアラとカンガルーに不思議そうに見つめられながら、まだ自分の作り出した真っ暗な幻覚に飲み込まれ続け、絶望していた。

その時は聞こえなかったけれど、今ならコアラがこう言っていた声が聞こえる。（なぜか関西弁で）「まだ赤ちゃん0カ月やん、3日前に生まれたんやろ？　そんな遠い未来のこと何もわからへんやん！」。

そして、カンガルーはこうだ。「人生な、みんな想定外の連続やねん！　赤ちゃんの未来やってそうやんか、どうなるかわからんて。ええ方向の想定外のことが起こるかもしれんやん。今からお母さんが枠にハマった古い考えで、勝手に子供達の将来決めつけて絶望してたらあかんわ。子供達からしたらホンマ余計なお世話やで！　そんなんな、時間とエネルギーの無駄、無駄！　せっかくオーストラリアまで落ちてきたんやったら、観光でもしてきい。楽しんどいで！　そんでまた落ちてきた穴さっさと戻って赤ちゃんとこ帰ってやり！」。

でもその時の私には、音ひとつ聞こえず、光ひとつ見えなかった。

ダウン症告知説明の後、「何か質問はありますか？」と聞かれ、私は新しい情報量が多過ぎて頭の機能が停止してしまい、何も質問できなかった。

私が何も質問できないでいると、「旦那さんは？」と聞かれた。夫は難しそうな顔をして少し考えた様子で、「2番目の娘（当時2歳）が、ものすごくおてんばでいつも転ぶのだけど、娘は大丈夫かな？」と医師2人に質問した。

医師2人も、「えっ！　ダウン症についての質問を振ったはずなのに、真ん中の子がよく転ぶこと質問した今？　マジで？」と言わんばかりに、夫の突然の変化球の質問に、どこかのドジな人が丸ごと一個落としてしまったあんぱんをベンチの下で見つけた鳩のように首を突き出して「2歳児はまだ体より頭が重いから転ぶんじゃないかな？　そんな心配しなくてもいいと思うよ！」と親身に答えていた。

カメムシといい戦いをする私の夫。夫の場違いな質問に、泣いていた私もさすがにその時は吹き出して笑ってしまった。私が笑うとそこにいた皆が笑った。

そして最後に臨床心理士の先生が、人生の中で10年ぐらいかけてなだらかに起こる精神の成長の変化が、私にはこの入院中から数カ月くらいかけて急激に大地震のように起こっていくと説明した。

「交通事故と宗教勧誘には気をつけてください」とアドバイスをもらった。

そして彼女の言う通り、私が今まで40年間かけて積み上げてきた価値観やエゴで作られた高い塔がいっぺんに倒れ、全て風で吹き飛ばされて、何もない更地になった。もう一度、一から地面を少し掘り返して、下水道のパイプを繋ぐところから建築計画し直さなければいけなくなった。

今から思えばベニア板で補強された薄っぺらくおおざっぱに作られた大して素敵な塔ではなかったから、一から建て直すことができてラッキーだったと思う。しかも10年かかる改装期間を数カ月で早送りできたのだから、すごくお得だったと思う。新たなる塔を製作しながら残りの9年と何カ月、全く新しい良い生き方ができるではないか!

この日の夜、私は病院のベッドで天使を見ることになる。

この話を私が誰かに話そうとすると、いつも夫が「また始まったよ、天使の話!」と茶茶を入れる。だから今も書きながら夫の声の幻聴が聞こえるのだけれど、その声は無視して、私はここに書き留めておかなくてはいけない。

私は本当に天使達を見たのだ。私が見た天使の背中には、渡り鳥みたいな体の倍以上ある大きな白い羽は残念ながら生えてはいなかった。

その日の夜はあまりのショックで眠れなかった。私は睡眠導入剤を飲んで横になっていた。泣き過ぎて目が腫れてしまっていて、試合後の疲れきったボクサーのようだった。そしてもう生きるエネルギーを完璧に失っていた。

　しかも病院には備え付けのシャンプーや石鹸がなく、自分で購入しなければいけなくて、何もかも面倒になっていた私は、病院の1階の売店でボディーソープを1つだけ買った。それで体も髪も洗ったせいで、髪がバッサバサになり雄鶏のトサカのように髪が上に立ち上がり逆立っていた。

　出産直前に切ってもらったおしゃれなカットはもう見る影もなかった。トイレの鏡に映った自分を見て衝撃だったが、もうそんなことなんかどうでもよく、立ったままにしておいた。それくらい脱力感に襲われていた。

　それはまるで体の中の部屋の電気が一つ一つ消され続けていくような感覚だった。体の中で40年間、懸命にそして忠実に働いてきた全ての細胞達を、自己中な社長が椅子に座ってくるっと一回転して「もう僕会社やーめた！　僕には荷が重過ぎるわ！　ハワイでも行ってくる」と言って、突然全員を解雇して家に帰宅させ、全ての部屋の電気を消して、アロハシャツに着替えてスーツケースに全てを詰め込んでタクシーに乗って関西空港へ逃げて行ってしまった。そんな感じだった。

　体の中も頭も空っぽ。

　どんどんと絶望のどん底へ落ちていく感覚が心地よく、このまま明日目を覚ましたくないな、このまま消えてしまいたいなと目を閉じていると、誰かが私を見ている気配を感じた。目を開けると7～13個ほどのバスケットボールくらいの丸いものが私のベッドを囲んで浮いていた。その丸の中は、はじめはテレビが故障したような白黒の荒い砂嵐になっていた。そしてその砂嵐の映像が次第にハッキリとピントが合って人の顔が現れ出した。まず私の右横に居たのは青い目の赤ちゃんだった。かわいいなぁと青い目を見つめていると、隣にもその隣にも違う女性が私を見つめていることに気が付いた。ブロンドヘアの30代の女性から、白髪混じりボブカットのお洒落な70代ぐらいの女性、さまざまな年齢層の西洋人の女性達に私は取り囲まれ、見つめられていた。

ここで通常なら「ギャー！」と叫んで逃げ出したいところなのだけれど、もう生きる気力がない私は、なんか見つめられているわ、でもどうでもいいわ、見つめたければどうぞお好きにしたらいいという心境であったので全く動じなかった。すると太もものあたりをたくさんの指でボコボコと突かれる感覚があり、私は気を失った。

朝になり昨晩の心の落ち込みは少し軽くなり、気力が回復していた。そして昨日見た人達は何だったのか？　誰だったのか？　考えていた。おばけかとも思ったのだけど、おばけにしてはおかしい。日本の病院で西洋人の女性のおばけばかり集めるのは、非常に困難であるからだ。

そしてあのボコボコと触られたのは何だったのか？　自分で自分の太ももを何度も突いて確かめてみた。突くというよりは、あなた大丈夫？　気を強く持って！　とたくさんの手が私の体に添えられた感触だった。思い返してみたらそんな愛の溢れた体験だった。

私の考えた解釈はこうだ。私が舞台に立って私の人生を演じている妖艶な女優と仮定しよう。場面はまさに娘のダウン症の告知のシーン。これからまりいちゃんとの生活が始まる場面で、私は急に「この役は私には大役過ぎるわ！」と言って手を額に当てて失神し、舞台の真ん中で倒れたのだ。

カット、カット！　舞台にはベルベットのカーテンが閉まり、観客も騒然とする。その瞬間もう1つの世界のカーテンが開く。バックステージ両端で私をずっと支えていた天使達がやってきて、蘇生させてくれたのではないかと思っている。

エネルギーを注入され、「あなたはあなたの役を演じきりなさい。足を絡めないようにステップを踏み続けるの。考え過ぎてはいけない。ただあなたの役を踊り続けて」と舞台にまた戻され、ベルベットのカーテンが開き、私にスポットライトがまた当たり、ショーは再開しているのではないかと思っている。

その証拠に、その日は重い腰を上げて1階の売店でシャンプーとリンスを買って、まずはこのひどい髪の毛を何とかすることから始めようと思えたから。

この話は臨床心理士のカウンセラーの先生にも医師達にも話さなかった。話していたら私の精神状態を心配されて入院の期間が延びていたかもしれない。

自分の感情の潮の満ち引きの変化に注意していれば、きっと「次の瞬間」潮が引いて目の前に不可能と思えた、遠い島へ真っすぐと続いた一本の道が浮かび上がる。人は人生の中で一度は180度価値観が変わるような体験をすると言うけれど、私の場合はこの日であったと思う。この日より前とこの日より後では、物質的価値観から経験や感動の価値観へ、大なり小なりの方程式が逆転した。感謝の心がやっと実感できた。以前も自分では感謝しているとは思っていたけれど、今から思うとそれまでの私はちっとも何に関しても感謝なんてしていなかったのだ。それに気付けたことは私にとって大きな変化と成長だった。

まりいちゃんのおかげで、本音を話せる療育園の先生方、ママ友もたくさんできた。昔からの友達にもつらいことはつらいと話せるようになった。物欲が減った分、ほかに痛みを抱えている人に寄り添いたいと思うようになった。今後、ダウン症の子供や家族に私ができることは何があるかと考えるようになった。

そして何より、まりいちゃんが生まれる前より私は明るくなり、体の中のダムが崩されたように子供達と大きな声でお腹からよく笑うようにもなった。

今まで簡単な絵本ぐらいしか英語の洋書を読めなかったのだが、ダウン症関連の本であればどんなに分厚くてもスラスラと読めることには私自身も夫も驚いた。海外のダウン症の家族がどんな生活をして、どんな考え方で子育てをしているのか知りたくて、インスタグラムを始めた。インスタグラムを始めて、世界中のいろいろなダウン症の家族、ダウン症の人達をフォローしていくと、こっちも追われるようにもなり、まりいの成長を発信するようになった。

特に産後の私が落ち込んでいた頃、インスタグラムの中の世界中のダウン症の子供達の笑顔、家族の笑顔の写真に私の心は救われた。そこには人種や文化、宗教の壁はなく、他人とは思えない、まりいと少し似た顔つきの子供や大人が、幸せそうにそれぞれの人生を精一杯生きていた。突然私の家族が世界中に増えたような感覚に陥った。ダウン症の人達は世界に平和と愛と感謝を与えるために、天から送られた使者ではないかと私は本気で疑っている。彼らには全ての壁を簡単に取っ払ってしまう、もしくは溶かして通り抜けてしまう力があると感じる。

娘が1歳になった時に、プライベートであったインスタグラムのアカウントを誰でも見られるように公開した。それは当時の私にとって少し勇気のいることだったけれど、産まれてすぐ告知を受けたり、出生前診断で陽性が出て、私が感じたように恐怖と不安で絶望に陥っているお母さん達のために見つけやすくしたかったからだった。

まりいが1歳になるまで、私は顔見知りの人、知らない人、誰彼関係なく「赤ちゃんかわいいですね」と声をかけられたら、「でもこの子ダウン症なんです」とずっと言い続けた。自分でもそんなことは言わなくていい、言う必要はないとはわかっているのだけれど、どうしても言わずにいられなかったのだ。誰かに口を押さえられても、それを振り切って言っていたと思う。きっと自分自身に、まりいはダウン症なのだと完璧に頭にインプットするためにしていたのだと思う。もう壊れたロボットのように私は言い続けていた。

夫が一度そんな私を見かねて、「見ればわかるから言わなくていいんじゃないの？」と言ったが、「見てもわからないわよ！」と言い返したくらい、誰にも止められなかった。

私本人ですら、どうしたら言わないでいられるのかわからなかった。「私の赤ちゃんダウン症なんです」と言われ、大体の人はびっくりする。一度沈黙して、そして言葉を探す。私はその言葉を待つ。その繰り返しだった。

「人生悲しいこともあるね」と言って下を向く人。

「それじゃ優しい子になるんですね！」と笑顔で咄嗟《とっさ》にそんな温かいコメントをくれたお母さんもいた。療育教育関係の仕事をしていた人だったんだろうか？

プレゼントですと手紙を添えて、ヘレン・ケラーの奇跡の本を私の家のポストに入れてくれる近所のおじさんもいた。

「高齢出産ならダウン症の出生率が高くなることくらいはわかってたことじゃないの、私はどんな子でも大切に育てようと出産前に心の準備をちゃんとしていた」と手厳しい友人もいた。

「静かな老後を迎えたいから私には無理やわ、よくやるわね」という幼稚園のママ友もいた。

同じマンションに住んでいる60代くらいのあるイラン人の女性は、すれ違ったことはあってもそれまで話したことは全くなかった。

ある日買い物帰りにエレベーターで乗り合わせた時に、「赤ちゃんかわいいわね」と言ってくれたので、ダウン症であることを私が言うと、彼女が3番目の赤ちゃんを死産したこと、国に帰りたかったけれどもう帰れないことを話し始めた。私は1時間以上エレベーターを上がったり下がったりして彼女の話を聞いた。買い物袋の中のアイスクリームが全部溶けてしまったけれど、そんなことはどうでもよかった。

その日から、彼女は道で会うと立ち話で話し込むご近所さんになった。

私の住んでいるマンションの清掃をしている私の母と同い年の女性に「赤ちゃんダウン症なんです」と打ち明けた時は、その日は何も言葉が返ってこなかった。

後日「ちょっと聞いてほしい話があるの」と歩いているところを呼び止められ、一番下の息子さんが自殺未遂をして半身不随になった話をしてくれた。私はマンションのゴミ捨て場でその話を聞いている間ずっと、目から涙が溢れ続けた。

話が終わると、言葉なく彼女を抱きしめた。そして、私はつらかったね、つらかったよねという気持ちで、彼女の少し曲がってしまっている背中をさすり続けた。

「久しぶりに誰かに話したわ。話を聞いてくれてありがとう」と言われた。

彼女が毎日朝4時頃からマンションの廊下を掃き掃除していたことがいつも不思議だったけれどその日から、その理由が私には深く理解できたような気がした。

息子の幼稚園で同級生のダウン症の娘さんを持つお母さんに「生まれた赤ちゃんダウン症やってん」と言うとポロポロと涙を流して、その場でそのお母さんは泣いてしまった。その目は観音様のような優しい目をしていた。

相手を泣かせてしまったのはその時が初めてだった。そのお母さんは「ごめんね、私が泣いちゃって。私の娘が生まれた時のことを思い出してしまって、もう涙なんて残ってないと思ってたのにまだ残ってたのね」と笑った。

そして2年半経って私はもう「私の赤ちゃんダウン症なんです」と言わなくなった。その頃くらいから、まりいがすれ違う人に誰彼構わずベビーカーから「バイバーイ！」と言いながら手を振るようになった。そして手を振られた人は皆、彼女の不思議なオーラに包まれて笑顔になってしまうのだ。

「私の赤ちゃんダウン症なんです」と私はなぜ言わなくなったのか？

「ダウン症。だから、それがなんやねん！」

どうやって、〝So what?〟それがどうした？　の境地に達したのかというと。

まりいちゃんは世界で1人のまりいちゃんで、ダウン症であるという個性も含め、完璧で美しく、すべての子供達がそうであるように奇跡的な存在であること。神様が私の膝にこの子をお預けになった理由と意味を理解し、この子と生きる経験が私の人生にとって、なんて幸運であるかということを、深い感謝とともに有り難く、すべてをしっかり受け入れたからだと思う。

幸せはその人にしかわからない。外から見ると不幸そうに見えても、当人や家族はものすごく幸せであることがある。その人達だけしか分かち合えない深い愛と経験と感動がある。そんな体験をできることは幸福なことだ。それとは反対に、外からは羨ましいほど幸せそうに見える人が、本当は重い痛みを引きずって苦しみながら生きているのかもしれない。何が幸せで何が不幸になるかなんて誰にもわからないのだ。以前はそんなこと考えたことがなかったけれど、今ではそれが手に取るように感じられ共感できるようになった。

誰だって人生一寸先は闇であり、想定外の出来事が人生には起こる。実は髪の毛一本の差で、誰の上にもそんな出来事が舞い降りてくる可能性があるのだ。退屈な毎日は、実は奇跡の連続から成り立っていることに、私はやっと気付くことができた。まりいがやってきてから、美しいものはより鮮明に美しく儚《はかな》く感じる。笑い合うことのエネルギーのぶつかり合う花火のようなパワーは、何にも勝る！　と思うようになった。

私ははっきりと断言できる。私にとって3番目の子まりいがダウン症であったということは、私の人生で一番ラッキーな出来事だったと。

2年半経った頃、私はもうまりいの将来に絶望を感じていなかった。

立ち直りの早さにオーストラリアで会ったコアラとカンガルーも、今会ったらビックリするかもしれない。驚きついでに2匹の耳元でささやこう、「私は立ち直ったのではなくレベルアップしてん！　すごいやろ⁉」と。そう言いながら将来また想定外な出来事が起き、また落ち込んで私は穴を掘って、オーストラリアまで落ちていき、コアラとカンガルーに再会することもあるかもしれないが、その時の私は前回よりは放心状態にはならないと思う。

2匹に弱音を吐いて励ましてもらうかもしれないが、その後はアウトバックステーキハウスでブルーミン・オニオンをつまみに、コロナビールでも一緒に飲んで、3人で情熱的なタンゴでも踊って「楽しかったわ！　ほいじゃね！」と来た穴を登って帰ってこられるような、今の私には落ちてもまた上に飛び上がれる大きな強いバネが心にできたのだと感じる。

もちろん成長とともに悩むことや困ったことも出てくるだろう。でもどうにか乗り越えられるんじゃないかという根拠のない大きな自信がある。私達の未来に魔法のようなことが起こりそうで、どちらかというと不安よりずっとワクワクした楽しみの方が大きい。

子供達の心配はないか？　と言われたら、もちろん私は自分の死の寸前まで子供達のことを心配するだろう。彼らがどんなに大人になっていても、だ。でもきっとそれは、世界中の全ての親がそうであると思う。


3人の私の子供達。私の人生に舞い降りてきてくれてありがとう。

自分の好きなことをやったらいい。苦手なことは切り捨てていいわ。それが得意な人に助けてもらったらいい。時間を忘れるほど自分が好きなことを見つけて、それを見失わず、やりたいことを一直線に追いかけて、情熱を持ってやり続けて楽しめばいい。私もあなた達のお手本になれるように、お母さんはいつも笑ってたなぁと思い出に残る生き方がしたい。一日一日を前向きに、そんな毎日を積み重ねて生きたらそうなれるだろうか。

神様、この3人を預けてくださってありがとうございます。個性の全く違う3人の成長を見守ることが、私の大冒険であり、奇跡であり、喜びです。

ステップ 1

## 知っておく。I know.

告知を受けたばかりのママ、普通の人が10年くらいかけてなだらかに起きる精神や価値観の成長や変化が、あなたには今、1週間から3カ月の間で濃縮して急激に集中して起きているんだということを自覚しよう。たとえるなら、今まで築いたあなたのエゴ（自分で思う自分という人）、人生の価値観（何が良くて何が悪い、価値のあるない）で作ってきたお気に入りの居心地の良いあなたの塔が崩れ落ち、完璧に壊れてしまったのだ。

地面も割れ、過去のトラウマ、人間関係など、自分の根っこも掘り起こされ、地面に横たわっている。前代未聞の精神の大地震をあなたは今体験している。一度全てが壊れて更地になった。今悲しいのは、今あなたが泣いているのは、赤ちゃんにダウン症があるからではないかもしれない。あなたが今まで人生かけて作ってきた塔が一瞬で壊れてしまったからかもしれない。

でもあなたはもう一度、塔を作り上げるから大丈夫。心配しないで。前の塔なんか比べものにならない、美しい塔を建てる。自分でも想像以上の塔が組み立てられるのだから。今は動揺してパニックになって当たり前なんだ。

パニックにならない方がおかしいんだ、ということを自分で知っておくこと。

## ステップ2 感情の振り子

告知を受けたばかりのママ、今あなたの感情の振り子の幅が最大限に左右に大きく動いていることを自覚しよう。心には感受性の振り子がある。その振り子は時計みたいにチクタク左右に揺らいでいる。その幅は人それぞれで、小さい幅の人もいれば、芸術家タイプ（いろいろなことに感動しまくる）で勢いよく動いている人もいる。それぞれの人のリズムで動いている。あなたの今の感情の振り子はというと、ショックを受けた直後なので最大限の180度に揺れている。サルヴァトール・ダリ、ヴァン・ゴッホなんて足元にも及ばないレベルの感受性最大レベル。偉大なる芸術家以上のレベルなので、周りからは少し挙動不審に見えるかもしれない。突然泣いてみたり、笑いが止まらなくなったり、窓の外を見つめ過ぎてしまったり。

そんなことは気にしてはいけない。挙動不審バンザイと開き直ろう！　たとえば小学生が公園で勢いよくブランコを漕ぎ過ぎて、前後ろ一直線になって、見て、あの子！　もうぐるっと一周しちゃうんじゃないかと、傍から見ていて心配になるレベルの振り子度合い。感情のジェットコースターに乗っている感じと言ってもいい。上がり下がりグルグル半端ないものにあなたは今乗っている。でも大丈夫。物理的にも振り子は時間の経過とともに緩やかになっていくから。あなたは、ずっとこんな感じではない。だから不安にならなくていい。いずれ振り子は落ち着いて、あなたのリズムにまた落ち着くから。

感情の振れ幅が広いと、些細なことで怒りや悲しみ、不安や恐怖を感じるはず。普通の人の2〜3倍繊細に反応してしまうということ。感じ過ぎて混乱してしまうので、今自分はそんな状態なんだなぁと知っておく。家族、友人、看護師さん、お医者さん、今あなたの周りにいる人の振る舞いや言動も普通の時とは違い、あなたは傷つきやすい状態にある。だって振り子が最大限だから。だから、今のあなたは愛想よく、丁寧に、良い人間として周りに振る舞わなくていいよ。しなくていい。感じが悪くて全然いい。無愛想でいい。相づちも打ちたくなかったらしなくていい。メッセージの返信もしなくていい。既読のまま放置してしまえばいい。嫌なことを言う人にムカついたら、中学生のヤンキーみたいにシャープに睨んで舌打ちしてみたっていいんだ。

今周りの人に気を遣うのを一切やめてしまおう。今は自分のブランコの鎖をギュッと握って離しちゃいけないってことにただ集中する。感情の振り子が大きく動いている時間、いいことも1つある。それは美しいと感じる心も2～3倍に感じることができるということ。いつもはなんとも思わないものが凄く美しく見えることに自分でも驚くだろう。あなたが今どこにいるか私にはわからないけど、まず自然を見てみたらいい。空や木や花。歩道のコンクリートの割れ目から生えている草、待合室で隣り合わせた老夫婦。スーパーの駐車場で見かけた、ママチャリの後ろに座らされて黄色い鼻水を垂らしている子供。

見つめてごらん。きっと、オーマイガー！　と叫びたくなるほど、泣きそうになるほど美しいと感じることができる。世界は奇跡の塊でできているんだってことに気が付く。

ステップ3

## 気を付けないと、と意識する

告知を受けたばかりのママ、交通事故と宗教勧誘には今特に気を付けて。体はここにあれど、心はあっちに、思考はそっちに。今はあなたは、何だか自分がバラバラになってしまったように感じていると思う。道を歩いていてもボーッと考え込んでしまって、信号待ちで気が付いたら青になってたのに、また赤になって渡れずにずっと信号待ちしてしまう。周りから見たら危なっかしい状態のあなた。物も忘れやすく、無くしやすいので、今私はボーッとしてしまうんだと、気をつけないと、と意識しよう。事故には本当に気をつけよう。車の運転も今はやめよう。

心が弱っている時、宗教勧誘のターゲットになる。気を付けて。断るエネルギーも低めなので誘いに流されてしまいやすい状態。今は新しい宗教には近寄らない。それに今は宗教にハマっている場合ではない。あなたにはこれから一人で通らないといけないトンネルがある。イニシエーションのトンネル。この道を避けては通れない。はじめに通っておかないと遠回りになったり、影にずっと追いかけられ逃げ続けないといけないことになってしまう。ちゃんと通らないといけない、暗くて小さな洞窟のようなトンネル。

さあ、まずはトンネルに入る支度を始めよう。

ステップ 4
## 連絡をしておく

トンネルに入る前にいろいろな人に連絡をしておこう。トンネルの中ではマメに携帯のメッセージ返信など外部の雑音に構っていられないので、先にこちらから連絡を送っておこう。静寂のために。

連絡するリスト
1、出産後の連絡を待っている親しい友人達
2、家族
3、上のきょうだいの通う幼稚園や学校、上の子供関連のママ友
4、仕事関係

どう言ったらいいか、何人に言ったらいいか。毎回、違う人に伝える度、話す度に涙が出てつら過ぎる。大丈夫？　の問いかけに、返信するのも気持ちが重いとそんな時間だと思う。友人達には、一つまとまったメッセージを作り、それをコピペして全部同じものを送ってし

まうと後が楽。この人には言わないでとか、この人には会った時に言おうとか、そんなことやってたらそれだけでしんどいし、痛みとモヤモヤがずっと長引く。

会って急にダウン症で……と言われても、相手も突然だとリアクションに困るだろうし。はじめにサラリと一斉に伝えておく。あまりあれこれ考え過ぎず、感情を込め過ぎず、重くなり過ぎず。悲観的になり過ぎず。頑張ります！　を連呼し過ぎない文章。

たとえばこんな感じ。

〝こんにちは、先日無事に女の子を出産しました。母子共に元気です。ただ、赤ちゃんに染色体の異常がわかりました。ダウン症だそうです。すぐにお披露目したかったのだけど、いろいろと検査があったり、私も少し心を落ち着かせる時間が必要なので、また落ち着いたら、こっちから連絡するね。待っててね。その時にゆっくり話聞いてね。笑ったり泣いたりしながら語り合える時間を楽しみにしています。〟

こんな感じで、どうだろう？　待っててと言われたら、そっとしておいてくれるだろうし、それまでに相手もダウン症について調べてくれているだろうし。会った時に両者話しやすい。花の種をまく感覚で、親しい友人達へ伝えておこう。

あなたが落ち着いた頃、ぽつりぽつりと会いに来てくれる。その再会はとても良い時間になる。あなたがまだ見たことのない、それはきれいなフレンドシップの花が咲くのだ。あなたもその日を楽しみにしていて。

ステップ5

## 食料品を買い込み、冷蔵庫をパンパンにしておこう

さあトンネルに入ろう！　と言いたいところなんだけれど、その前にもう1つやっておかなくてはいけないママの仕事、家族の食べ物を確保しておかなければいけない。食料品なんて買いに行きたい気分じゃないのよ。それは本当によくわかる。でも、自分は食欲がないけれど上の子供達や家事のできない夫が食べたいことを理解しよう。

トンネルの中にいる時に、お腹すいたーママ！　と言われてスーパーで食材を調達し、調理をする羽目になることだけは避けたいのだ。アメリカ式に1週間買い物に行かなくていいくらい買い込もう。あなたが調理しなくても簡単に食べられるものを考えながら。簡単に食べられるサンドイッチやシリアル、この際レトルト食品でもいい。子供達のお菓子やドリンク自分もこれなら食べられるかなというものもいろいろと、今は節約なんて考えず、迷わず

どんどん冬眠前の熊のように、ショッピングカートに入れよう。

買い物から帰ってきてショッピングバッグの多さに、ママ！　どうしたの⁉　なんて家族に驚かれたら、今日のあなたのミッションは大成功。

さあこれで、トンネルに入れる。

ステップ6
## Grief（グリーフ：悲しみ）のトンネルへ

トンネルの入口のあなたは、受け入れたくない。一人でいたい。私には無理。何もなかったことにしてほしい。否定。この段階。

一人の時間を持とう。出産という大仕事を終えてすぐ赤ちゃんがダウン症という染色体の異常、いろいろな病気の可能性を突然に告げられ、パニックになって当たり前。受け入れられないと思って当たり前。私には無理だと思って当たり前。この時点で強い母にならねばと踏ん張ろうとしないで。赤ちゃんが産まれたてであるということは、ママも産まれたて。共に成長するのだから焦らなくていい。今は、あなたの中に湧いてくる混乱した感情に恐怖を感じると思うけれど。

ネガティブな考えにも逃げず、目を背けず、一つ一つあなたの気持ちに誠実にゆっくり向かい合っていこう。今向かい合っておかないと、ずっと後ろから追いかけてくるから。それは嫌でしょう？　今あなたは受け入れられないと思う。それでいい。今日はあなたのその気持ちを受け入れよう。

## ステップ7　怒りの感情を外に吐き出す

グリーフのトンネルの中で否定の次に上がってくる感情は、怒り。体中に潜めず、隠さず、吐き出してしまおう。叫ぶの。叫ぶ内容なんて何でもいい。私は退院後、夫に「フェイスブックの友達が赤ちゃんの写真を見たいって言ってるんだけど、まりいの写真投稿していい？」と聞かれた時、「フェイスブックなんて大嫌いだぁ！　私はセレブリティじゃないんだぞ！私のプライベートは私のものだ！」と、近隣に響く大声で叫びながら本棚を蹴って足を怪我したのを覚えている。

今となっては、アイ　ヘイト　フェイスブック！　と叫んだ時のことは、夫と私の笑い話になったけれど。あの時の私にはあの発狂は必要不可欠であった。

さあ、怒りのエネルギーを体から外に出そう。

## ステップ8 「もしも」と「なぜ」との交渉の時間を持つ

グリーフのトンネルで次に現れるのは取り引き交渉。もしあの時こうしていれば。もししなければ。もし、もしも、そして、今手渡された現実をどうにか自分でコントロールしようとして、起こった意味を探そうとする。

なぜ自分に起こったのか？　なぜ？　なぜ？　ここで何日かあなたは立ち止まってしまうだろう。私もそうだった。好きなだけ立ち止まって、「もしも」さんと「なぜ」さんと一緒に時間を過ごしてよい。

でも、目の腫れも半端ないと思うので、先にちらっと私が答えを耳打ちしてあげよう。過去のもしもをどれだけ掘り返して考えてみても、今を変えることはできない。起こったことは変えられないけど、これからのストーリーは自由だ。あなた次第で方向転換は自由。

あなたは、ハッピーエンドのストーリーが好き？　じゃあ、ハッピーエンドにしたらいい。簡単なことだ。ストーリーは今ここから始まる。なぜ、自分に起こったか？　をいくら頭をひねって考えてみても答えは見つけられるはずはない。

なぜ見つからないか？　答えはあなたが進むもっと先にあるからだ。ここにはない。それはいつか、あなたが今の涙を忘れてしまった頃、勲章のように、褒美のように、感謝の花束のように、空からフワフワと降りてくる。フラワーとリボンで作られた祝福の花冠があなたの頭の上に舞い降りてくる。あなたの準備ができた頃、与えられるだろう。

もしもさん、さようなら。

もしもさんと話しても何も解決できないので私は先に進みます。さようなら。

なぜさん。また人生の旅の先で、必ず再会しましょう。その時を楽しみに、またね。

## ステップ9 落ち込みの底で手放す

深い落ち込み、静かにエネルギーが落ちてゆく感覚、無に近い状態。死と再生。再生するためには一度完璧に死ななければいけない。落ちる、落ちる、どこまでも。暗い井戸の一番底で涙はどのくらい出るかどうか試していた私は、ふと思った。

私はなぜ泣いているんだろう？　赤ちゃんは産まれた。死産ではなく元気である。じゃあ、なぜ私は、泣いているんだ？　何か私は失くした？　いや、何も失くしていない。

子供は3人になった。何も失くしていない。増えている。じゃあなぜ悲しい？　会えなかった。誰と？　妊娠中私がずっと妄想していた女の子と。私は想像していた。一緒にこんなことして、あんなふうに大きくなって、大きくなる後ろ姿。勝手な私の妄想なんだけど、私の考えていたこの子に会えなかったから動揺している。嘆き悲しんでいる。そうなのかもしれない。この子の面影を追いながら、私はトンネルの外へは出て行けない。外には私の赤ちゃんが待っている。一緒には行けないよ。手を離そう。ここで、ありがとうね。

バイバイ。

## ステップ10　あなたの人生に起こったことを受け入れる

否定、怒り、取り引き交渉、落ち込みを手放した。あなたは前よりはほんの少し体が軽くなったのではないだろうか。赤ちゃんの遠い将来のことは今は一切考えない。一日一日に集中する。今はそうやって生きる。今日は何をしないといけない？　赤ちゃんのお世話に集中。自分のこと、家族の世話、生活がスムーズに回ることにあなたの思考を集中させる。

あなたの当面の目的は、今日一日を良い日に作り上げること。では一緒に言ってみよう。

「今はただ一日一日に集中して生きる！」。

グリーフトンネルの奥のドアを開けたら、あなたの家の部屋へとつながっている。

さあ、ドアを開けよう。やらないといけないことが溜まっている。洗わないといけない食器も溜まっている（笑）。大きく息を吸って、さあ、出よう！

## ステップ11 感情の潮の満ち引きに常に耳を澄ます

幼い子供達2人残して癌《がん》で奥さんを亡くされた私の友人が、まりいちゃんが産まれた頃に「産まれた赤ちゃんにダウン症をがあった」という私からのメッセージに返信してくれた言葉。

「自分の感情の潮の満ち引きに飲まれないように、常に気を付けていたら、いつか遠い向こうに見えなかった島が現れる」。

実に短いメッセージ。英語俳句を趣味とする友人の言葉は、抽象的であり、暗号のようにミステリアスである。しかし、あの頃の私にはパーフェクトな言葉であった。今でも私にとって、船の錨《いかり》のような意味を持った言葉である。

心が大丈夫な状態になってきても、ミストのようなモヤモヤが立ち上る時があるだろう。それは海の潮のように寄せてはいずれ引いていく。満ちている時は、無理をしてはいけない。落ち込む可能性があるところには参加してはいけない。前向きなもの、元気になるものを見たり、読んだり、触れたりして、自分の感情の潮のバランスをとろう。これからは有能な海の支配者。ブラックパール号に乗ったパイレーツになった気持ちで、潮の満ち引きを丁寧に観察しよう。そうしているうちに、海は自分のものになり、島が姿を現すのだ。

私はこの言葉を目を閉じてイメージすることが好きだ。

あなたもやってみて。

ステップ12
## 子供は神様からのお預かりものである

私が話している神様というのは、あなたが子供だった頃に漠然と信じていたあの神様だ。

雲の上に住む優しい長いひげのあの神様だ。私が子供だった頃は、リカちゃん人形の切り過ぎた前髪を高速で伸ばしてくださいなど、無理難題、何でもお願いしていた。人それぞれ信じる宗教は違うから、自分の神様をここでは想像してほしい。私は時折、子供は神様からお預かりしているんだと思うようにしている。

私の想像はこうだ。神様が「預かっておくれ」と私に赤ちゃんを手渡した。「あんたのベストを尽くしてくれたら、それでよいから。じゃあ、そういうことでヨロシク」と光の中へ帰っていく神様。

そうなんやな、そうなんやわ、なんて考える。子供達は神様からの大切なお預かりものである。そう思うことで子供達と接する時、子供達と自分との間に良い距離感が生まれる。そう思うことで、子供は親の所有物ではなくなる。子供の良いところを人前で謙遜したり、子供のトラウマになるような言葉を子供に言ったりできなくなる。自分がしたかった願望みたいなものを子供に達成させようという企《たくら》みも一切できなくなる。お預かりものだから。しかも神様からの。周りの子育てしているママも、彼らは彼らで神様からのお預かりもののお世話をしている。彼らは彼らのベストを尽くすので、必死なんだなと、周りのママを見ることができる。

今日はその視点であなたの赤ちゃんを見てみよう。神様が「ほれ、預かっておくれ」と赤ちゃんをあなたに手渡された。あなたのやることとは神様からのお預かりものの赤ちゃんの体の健康と心の健康を見守ること。あなたなりのベストを尽くすこと。

そこで、神様があなたに手渡した赤ちゃんにダウン症があるかないかは大きな問題だろうか？

子供達は神様からの大切なお預かりもの。

## ステップ⑬ 上の子供達と、子供に戻って遊ぼう

ダウン症のある赤ちゃんが産まれて、お母さんは泣いてばかり。そんな中、一番平気そうに振る舞いながら、立っている地面がガタガタになって心が超不安定になっているにもかかわらず、自分では全く意識していない人は誰だろう。

上のきょうだい達だ。彼らは元気にしているが、とても心配しているし、寂しい。上の子供達がいる場合、彼らと過ごす時間をいつも以上にとろう。いつも以上に優しい言葉をかけよう。きょうだいがたくさんいる場合、お母さんと子供、お父さんと子供など、2人で1対1の時間を持つのはとても良いアイデアだ。

親を独り占めできる時間をいつも以上に意識して、子供達に与えてあげよう。

ステップ14
## あなたが13歳から16歳くらいに好きだった歌を聴こう

中学~高校生くらいの年齢、あなたが少女だった頃に好きだったものは何？　特に音楽にはすごい力がある。この年齢は一番感性が研ぎ澄まされているので、自分のコア、核となる部分がこの頃の感性でコーティングされているイメージだ。

私は大人になってジャズばかり聴いていた。でもまりいがＮＩＣＵを退院して落ち込んでいた頃。喉の渇きを潤すかのように、急にＹｏｕＴｕｂｅで私が少女だった頃に大好きだったＫＡＮさんの曲をむさぼるように聴き出した。何十年も忘れていた大好きだった曲を一緒に歌いながら聴いていた。歌詞をまだ覚えていたことに自分でも驚いた。とっても不思議なことだけれど、1週間くらい聴いていたら活力が戻ってきた。エゴの塔が崩れたところに、自分の魂の核を見つけて、それに昔好きだった音楽を聴かせたら輝き出した体験だった。

あなたが少女だった頃、大好きだった歌手は誰？　歌は何？

しばらく聴いて一緒に歌ってみて。想像以上に自分の心身に活力を与えてくれることに驚くはず。

## ステップ15 本をしばらくは友達にしたらいい

まだ人に会いたくない時期だと思う。軽い会話もしんどいし。

そんな時は、本を読んでみよう。ダウン症の本はもちろん、もういろいろ買ってあるのではないかと思う。でもその本はすぐ読まなくていい。自分が開けてみようかなと心の用意ができてからでいい。今読む本はダウン症と関係ない本がいい。

心理学系などは自分の心の理解が深まる。今読むのにちょうどいいかも。スピリチュアル系は、そういう視点もあるかと心が軽くなる。ファッション系は、完全なる気分転換のために。私は海外のオシャレな人のスナップ写真を見るのが好き。料理本は、このページの料理をしたいなと見ていたらひらめくはず、毎日の家事にインスピレーションを得るために。短編小説なんかも、子供がいたら長編は読めないからね。

1つのことばかり考え過ぎると、脳の中のその1つの神経だけに刺激がいき過ぎるので、その神経がショートして、心が病んでしまうと思う。あなたの思考の行く先を自分で意識し

て分散させて、全体的なバランスをとろう。

私はこの頃、ダウン症児のいる日本人の母親の本をたくさん読みふけり、ダイレクトに全てを受け止めたから、余計に落ち込んだり、いらない心配が増えた。ダウン症は皆違う。それに気付かないうちは読まない方がいい。

ちょうど今の私くらい、それがどうした⁉ と心の余裕ができてから読めば、ネガティブな本は作者のトラウマを想像したり、時代が違うと笑い飛ばしたり、楽しめたのになと、今振り返って思うから。

ステップ16

## スワンになるのだ

スワンは汚い池にいても必要なものだけ選んで体に取り入れる生き物なのだという。あなたもこの混沌としたインターネット検索の大きな池を泳ぐにあたって、意識して気を付けないといけない、とても大切なことが1つある。

それは、「ダウン症」や「障害」のキーワードで検索をして、暗いネガティブなものを読んでこれが正しい意見である、これが世論だなんて思い、気を落とさないでほしいということと。それはその人の考えであり、その人が勝手に書いているものなのだとキッチリと線を引いて、理解しておかないといけない。そのようなネガティブなページには近寄らず、読み進まないこと。忘れないでほしい。読む人を悲しくさせるのが、そのようなページの管理者のモチベーションだから。その思惑に引っかかり暗い時間を一秒でも過ごさないでほしい。

明るいものだけ選んで読もう。愛のあるものだけ選んで体に取り入れよう。良いものだけを、あなたもこれからはスワンのように。

ステップ17

## SNSに「いいね♡」をつけていく作業の重要性

NICU退院後、私がまだ気分が落ち込んでいた頃、私はまりいちゃんをベビーベッドへ見に行くことが怖かった。まりいちゃんをまりいちゃんとは見られない。どうしても、ダウン症の赤ちゃんだ！　と、顔を見るとダウン症の特徴を探すことばかりしてしまい、まりいちゃんを「ただかわいい」と純粋に思えない、そんな自分に疲れていた。

こんなにかわいいのにね。何を言っているのか意味不明と今は思うんだけれど。当時はそうだった。価値観もひっくり返り、未知への恐怖心で混乱していたのだと思う。だから今もしあなたがそんな状態であっても大丈夫だからね。じきに落ち着く。

その当時私が始めたのがインスタグラム。きっかけはモデルのアマンダ・ブースさんの記事を読んで彼女のインスタを見たかったから、アカウントを作った。そこからたくさんのダウン症児のいる世界中の家族を発見して、同じ年の子供、同性の年上のダウン症の子供達をフォローするようになった。毎日毎日とりつかれたように彼らの笑顔の写真を見て、「いいね♡」をずっとつけ続けていた。

幸せそうな家族の笑顔は、暗かった私の心に一筋に差し込む光のようだった。

いいねを押す。その作業は今振り返ると、必要不可欠な行為であったと思う。♡をつけることはダウン症への漠然とした恐怖心の取り除きの作業になった。ダウン症についての学びになった。彼らの光に満ちた笑顔にいいねすることで、私にとって将来の見えない不安の影を薄くする、癒しになった。

あなたも世界中のハッピーなダウン症の子がいるファミリーをフォローしてどんどん♡を押してみて。

みんな幸せやん。

そこには、ダウン症のあるなしは全く関係がないことにあなたも気付くはず。

ステップ18

# 楽しみな目標を設定する

1歳の誕生日にこんなことしたら？　この子が5歳になったら一緒にあんなことしたいな。あなたがワクワクするような、実現できたら感動するような、楽しそうだな、すごいだろうな、前進した感があるようなことを想像する。自然とあなたが笑顔になるようなことを大胆に企画しよう。

まりいちゃんが産まれた頃、突然に開いたダウン症という新しい世界に私は恐れおののいてしまってお祝いを全くできなかったから、1年後の1歳の誕生日に盛大な誕生日会を開いてお祝いしようと企画した。まりいちゃんの誕生日が10月29日でハロウィンが近いので、地域のダウン症のある女の子5人（1歳、4歳、10歳、12歳、19歳）とそのきょうだいとママやパパを招待して、まりいちゃんバースデー&ハロウィンパーティーを開いた。もちろん仮装して来ないといけない（笑）。

パーティーの終わりに（黒猫の仮装した）19歳の女の子から「素敵なパーティーにご招待してくれて、ありがとう」と言われた。突然そう言われて、ノリノリで明るく振る舞っていた私は言葉を失ってしまった。返事が口から出てこなかった。照れてしまったのだ（笑）。

初デートの中学生みたいに。私にとって必要な時間、必要なパーティーだった。1年で自分が前進できたことを体感できた。

さて、あなたは何を企画する？　大胆で笑っちゃう企画でないといけない。少し夢をはらんだ方が実現できた達成感は半端ない。そんなことできるの⁉　という声が聞こえてきそうなことがいい。たくさんの人の笑い声が聞こえてきそうなことがいい。周りの人をたくさん巻き込んだらいい。

さあ、考えてみよう！

## ステップ19　子供の心に残るあなたについて考えてみる

今日私が突然死んだとして、子供達の中に私という人間がどう思い出として残るのか？　どう残りたいか？　考えたことある？

私は結構よく考えるし、意識している。いつか私の子供達が私の年齢になった頃、私という人間をどう解釈してまとめて言葉にするんだろう？　と考える。そう考えてみるといい仕切り直し、軌道修正になる。

いつも明るいお母さんだった。冗談ばかり言っていた。優しかった。いつもどんな時だって私の味方だった。そうだったならすごくいい。こうありたいと思う。

嫌なのは、携帯ばかり見ていた。生きているのがつらそうだった。よく泣いていた。怒ってばかりだった。イライラ心配ばかりしてヒステリックだった。世界が小さい人だった。頭が固かった。いつも忙しくてあまり話をしたことがない。僕、私に興味がないようだった。言われたくないことはたくさん出てくる。

一番避けたいのは、愛してるなんて言われたことない。ママは私のこと好きだったのかな？こんなこと言われたら最悪だ。そう思わない？

頑張って子育てして、これだけは確実に避けたい。あまりアイ ラブ ユーを子供に伝えないなら、今日から毎日子供達に伝えよう。

「ママ！　もう知ってるから言わなくていい」とうっとうしがられるくらいで成功だ。毎日くどいくらい伝えていこう（笑）。言わないとわからない。言わないと伝わらない。言わないと思いは子供の中に残らない。自分が誰かに無条件に愛されていることを知っている人は人間の核が強い。それを子供に声に出して伝え続けることで、あなたの核も強くなる。

あなたがこの世界にいなくなった時に、子供はあなたという人間をどう語るだろう？　あなたはどう語られたい？

今日はそんなことを考えてみて。こんなふうに子供の中に残りたいとイメージできたら、それがあなたのなりたいママの目標だ。そこを目指して真っすぐ迷いなく進めばいい。

## ステップ20 ロバの耳ノートに全て吐き出す

友達や家族に話すのも馬鹿らしい、しょうもないイライラ、愚痴や弱音。自分でこんなこと思うなんて、何て悪い人間なんだ。自分が他人を装いたく思えるような自分の中に湧き出したダークな思い。ネガティブな心配や将来の不安。妄想が膨らんだモヤモヤとした思い。

これらをジャンクソート（ゴミの思い）と私は呼んでいる。この行き場のないゴミが溜まると、体や心の病気になってしまうので、吐き出して捨てなければいけない。心の新陳代謝を良くして循環させるのだ。このジャンクをどう吐き出すか？

お教えしよう！　それは、王様の耳はロバの耳作戦だ。

1冊のノートを手に入れる。これをロバの耳ノートと呼ぼう。そして誰もいない時にそのノートに書き出すのだ。あなた中の全てのジャンクを、前後の文章が合ってなくても、漢字が思い出せないならひらがなで書いたっていい。汚い字でガンガン書く。このノートはあなたが好き勝手に吐き出せる場所だ。あなただけの場所、自由にやっていい。

誰かの悪口だって何だって、こんなこと思うなんて変人だなと自分で自分を軽蔑してしまうわ！　という考えも全然オッケー。それこそを吐き出すのだ。おおいにやってくれ（笑）。自分でも読み返したくないなと、ノートから負のエネルギーがじわっと出てモヤが包んでいるように感じるほど、ノートがダークになれば大成功だ。あなたの中に溜まったモヤモヤをオエーッと吐き出す。誰かに読んでもらうために書いているのではない。自分がいつか読み返すために書いているのでもない。浄化するために書き出す。ゴールはそれのみ。

はじめのうちは毎日、もう書くこと何にもないわ！　と思うまで何ページも書いてほしい。そしてそのノートを自分だけがわかるところに隠す。あなただけのヒミツだ。間違っても嬉しそうに「最近、ロバの耳ノート書いてんねん。スッキリするで。オススメ♡」なんて、旦那や妻、母親、同僚、幼稚園バスのお迎えで顔を合わせたママ友に言っちゃいけない。なんやこいつ⁉　わけわからんと思われて距離を置かれるか、この人どうにかなってしまったのか？　と心配されるから（笑）。ヒミツなのだ。あなただけのヒミツだから魔法が成功する。

ノートがいっぱいになったらまさにゴミの考えだから読み返さずに、ゴミと一緒にポイとあっけなく捨てるのだ。何度も出し切るとだんだんと出なくなってくる。心が軽くなり、モヤモヤの霧からあなたは一歩、出られるだろう。

ステップ21
## 子供達の将来は、想像以上に新しい可能性が広がっていることを知っておく

先日長男の小学校の説明会で、将来彼らが働く年齢になった頃、今ある75％の職業はなくなり新しい職種に入れ替わるというお話を聞いた。昭和生まれの、皆と同じようにどんぐりの背比べでしつけられ、塾へ行って、良い大学を出て、大企業に永久就職を目指す教育価値観の刷り込みを受けた私は、眼の前の新機種の子供達にどう声をかけ子育てしていけばいいか、全くもってわからなくなってしまう。今までの「これはこういうもんだから」が通用しなくなる未来に進んでいるのだ。「これからの10年は今までの30年くらいの倍速で変化しますよ！」なんて言われると、絶滅危惧種の私はもう言葉を失ってしまう（笑）。彼らの時代がやってくるのだ。私の価値観では理解できないものが良しとされ、価値が見出される。

何が言いたいかというと、ダウン症のある子供達にとっても未来は未知数であり輝かしいということ。今ある働き方が変わり、新しい想像を超えた職種になる。未知なのだ。だから

子供に障害があるから、こんな、あんな職業につくのかなんて、今考えても時間とエネルギーの無駄だ。10年後、20年後は大きく変わっている。

近所に水耕栽培のお店ができた。中ではいろいろな種類のレタスを作っている。水耕栽培は土も太陽もいらず無農薬で、天候に左右されず、美味しい野菜を作ることができる。そして水耕栽培の技術は世界で日本はトップクラスであり、つまりこれから伸びていくビジネスとのこと。新しい75%に入っていくフューチャージョブだ。そしてこのお店は障害のある人達が働く場所として運営されている。それがまた素晴らしい。障害があるなし関係なく、子供達の未来の可能性は私達の想像を超えてあなたと子供の眼の前には無限大に大きく、大きく広がっている。

それをいつも、あなたの心に留めておいてね。

ステップ22

## あなたはどちらの道を選ぶ?

〝向こうから白馬が走ってきた。あなたはあの白馬に飛び乗らないといけない、細かい説明は後々!〟

あなたは100のステップの重要な分かれ道にやってきた。道の入り口にはそれぞれの道を表した一枚ずつのタロットカードが置かれている。右の道か左の道か？　あなたはここからどちらの道に進む？　これはとても重要な分かれ道。間違えるわけにはいかない。心して聞いて決断して。人生には想定外のことが突然起こるもの。人生とはそういうもの。

いいえ！　私には全く困難が起きたことがないです。平々凡々のぬるま湯の人生です。逆に刺激がなさ過ぎて困っていて、それが唯一の私の悩みなんです。

なんて言う人に、会ったことある？

私はない。大なり小なり皆、挑戦のカリキュラムは違えど、いろいろ起こる。それが人生だ。左の道の入り口に置かれているタロットカードはTEN OF SWORDS（ソードの10）。その名の通り10本の剣がこれでもかと男性の背中に刺さって倒れている。たとえばアスリートが怪我をして、今まで人生全てをかけてきたスポーツができなくなったとか。ほかには、離婚、死別、倒産、解雇、健康診断で癌が見つかったなど。人によってさまざまな、まさか！　と驚くようなことが起こり、まずは平坦な日常の中に突然に覆いかぶさってきた出来事にショックを受け、倒れる。ショック、悲しみ、恐れや不安の思考の剣が何本も自らの背中に刺さり、倒れてしまっているのがこのカードだ。別に怖いカードではなく、何かが起きて、今までの生き方や何かが終わるカード。タロットカードの剣の意味は、自らの思考のエネルギーを表している。

問題は倒れた後、終わった後にここからどう前進するのか⁉　ということ。完結した後、再生しなくてはいけない。出来るだけ上手くこの完結と再生を完璧にしないと歪んだ形で進んでしまう。それを後から修正するのは非常に困難な作業だ。

そう、あなたがどちらの道を選ぶかで、これからの人生が大きく変わる。ピンチを通り越してチャンスにできるのもあなた次第。

さあ、あなたはどちらのカードを選ぼう？　左の道を選び、置かれたカードの人のように、悲しみの剣を背中に刺したまま地面を這いながら犠牲者として痛々しく前進する？　この道を選んだ人もたくさんいる。こちらを選んだ人の目を見たら、こちらまで悲しさが伝わってくる。そんな目をしている。本人もずっと剣が刺さっているので、いつまでも痛いんだろうなと私は想像する。

右の道の入り口に置かれたカードはKNIGHT OF SWORDS（ソードの騎士）のカード。背中に刺さった10本の剣を血が出ても自ら抜いて、頑丈な鎧を素早く纏い、タイミングよく走ってきた白馬に飛び乗り、そして最後に抜いた剣を手に力強く握りしめ、力いっぱい天にかざして、剣は太陽に反射して美しく光り、馬のたてがみを揺らしながら風を切って前進するソードの騎士のカード。

「あのことが起きて私はたくさんのことを学んだんです」。

「あんなことが起きて私にとっては実は良かったんですよ」。

過去を振り返り、眩しい笑顔で自らの困難だった体験を語る人は皆、ソードの騎士の道を選んだ人達だ。私は話すとすぐわかる。最近では話さなくても近くにいるだけでわかる。この人は騎士（ジェダイママ、シェダイパパ）なんだなって。抜いた剣の傷が癒えて馬に乗っているなって。その人の周りのエネルギーが違うから。ジェダイママについてはまた詳しく次のステップで説明しよう。

もう正直に言おう。誠に申し訳ないのだけれど１００ステップを読んでいるあなたの進むべき道は、実は二択ではありません。ごめんなさい！　一択です。

あ！　さっき走ってきた白馬がすごい鼻息で怒っている。乗るの？　乗らないの？　という顔で土を蹴り出した！　さあ急いで、急いで！　傷は癒えるからバンバン剣を抜いちゃって。今抜いておかないと剣と体がくっついてしまうから。次は鎧に着替えて。ああ、もういいよ、その家着のＴシャツのままでもいいよ、今はね。さあこの白馬に飛び乗って！　共に騎士（ジェダイママ）となる旅へ、いざ旅立とう！　さあ進め！　ハイヤー！

ステップ23
# ジェダイママになるための修行の始まり

日本人は騎士の文化で育っていないため、さあ騎士になるぞ！　と言われてもピンとこないだろう。どちらかと言えば侍の方がイメージしやすい。私もそうなのだが映画「スター・ウォーズ」のジェダイでイメージしている。ジェダイが子育てしているのでジェダイママだ。あなたがパパならジェダイパパ。ジェダイママムやジェダイダダもいいね。じゃあ始めよう。私がオビ＝ワン・ケノービであなたがアナキン・スカイウォーカー！　なんか小学生の遊び時間みたいだけど（笑）。

「ではアナキン！　ジェダイになるためのトレーニングを始めよう」。

ビュービューとライトセーバーの音が鳴る。「スター・ウォーズ」を観ていない人は「おい、何言ってんの？」と置いてきぼりを食ってしまっていると思う。とりあえずこの週末に制作が古い作品から順に観てみて。これは宿題。ジョージ・ルーカスの最初の6作品を見たら「スター・ウォーズ」はそれでいい。

ジェダイママの特徴を挙げると、エネルギーがサッパリとしている。逆に言うとネトっとしていない。卓越している。飄々《ひょうひょう》としている。スカッとしている。動きや話し方、話の内容がウジウジ、ショボショボ、ジトジト、コソコソッとしていない。堂々としている。医者や教師の意見、メディアに安易に左右されない。自分の考えというものをちゃんと持っている。周りはどうだとかこうだとか、いちいち気にしない。淡々と行動している。

乗っている電動自転車が白馬に見えるほど、エネルギーが優美である。少女、少年の心を持ち続けている。笑顔が素敵。その人の周りのエネルギーはほかとは違うので、その人が静かにしていても浮いている。合成写真のように、同じ場所にいるはずなのに良い意味で浮く。だから目立つのですぐわかる。病院の待合で、療育園で、幼稚園で、小学校で、ダウン症の子供を持つ親の集まりで、イベントで、インスタの中で。あまりいないけれど時々いる。

あなたもきっとそのうち、あの人はジェダイママだなとわかるようになる。そして、そう！あなたもジェダイママ、ジェダイダダに、騎士に、これからなっていくのだ。

ビュービュー（ライトセーバー音）。

ステップ24

# 緊張するスケジュールが入っている日には、目一杯オシャレをして挑むべし

発達検査、病院、療育園見学、市のダウン症児の親の会、保育園や幼稚園の見学、学校の参観や懇親会……なんか緊張する。私大丈夫かな？　不安になって泣いちゃわないかな？　動揺するかな？　周りの同じ年齢の子供達と比べてしまわないかな？　また感情の振り子が大きく揺れてしまうんじゃないか？　なんて自分で自分が心配になることがあると思う。

そんな日には目一杯オシャレをしよう。大胆さは恐怖心を薄めてくれる。いつもよりしっかり明るい服を選んで着て、メイクもする。服は騎士の鎧だ。あなたが強くなれば鎧なしでも大丈夫だけど、初めの壊れやすいうちは怪我をしないように鎧を着て自分を守らないといけない。

鎧はあなたの感情に、無意識の領域に影響を与える。想像以上の効果がある。思い切ったオシャレをすると目立つので自然と堂々とできる。言い方を換えると堂々とするしか手段がなくなる（笑）。つまり思い切った派手な服を着ると、明るくせざるを得なくなるのだ。暗い態度がとれなくなる。派手なのにムッツリなんてイメージしただけでも変でしょ？

鎧については逆を考えたらわかりやすい。あなたが家着のままの服をどこへでも着て行ったらどうだろう？　今日の自分に自信を持てるだろうか？　堂々とできるだろうか？　前向きな明るいママになれるだろうか？　あなたがショボショボしていたら子供は明るく自分に自信を持てる子に育つだろうか？　あなたは今オシャレをしないことを子育てのせいにしていないだろうか？　それを始めたら、全てを子供のせいにするママになってしまうとは思わない？

私は一時期、胸のところにアンディ・ウォーホルと書いてあるスエットを毎日ずっと着ていた。子供のことで疲れていて、自分の服なんてどうでもよくなっていた。オシャレをしてどうする？　なんて、ファッションストライキをしていたのかもしれない。オシャレをしている同年代が羨ましかったのかもしれないし、今から思うと産後鬱《うつ》みたいになっていたのかもしれない。しまいには、そのスエット姿でどこへでも行き、仕事場へも行き、ついにイギリス人の先生に「僕は人に会う時は服装を考えるけどね」とチクリと言われ、やり過ぎたと反省した（笑）。私の暗黒のアンディ・ウォーホル時代が幕を閉じた瞬間だ。

こう考えてみたらいい。子供はどっちのママがいいだろう？　ってね。そう、答えは明白。あなたは今はそんな気分じゃなくても無理してオシャレな服（鎧）を着ないといけない。忘れないで。あなたはいつだって子供の透き通った目の中に映されている。

ママが笑うと子供は安心する。ママが不安定だと子供も不安定になる。子供はあなたを見て育っている。そしてあなたが意識していないところでたくさんのことを学んでいる。だから、明るく、これでもかとオシャレしていこう！

ステップ25

## 一度分解して一つ一つ向かい合って考えてみる

ダウン症とは何なのか？　普通とは何なのか？　普通と違うとは何なのか？　幸せとは何か？　不幸とは？

まず初めに「世の中は、皆はどう思う？」という考えははゴミ箱に捨ててしまおう。グチャグチャに丸めてバスケットボール選手のようにゴミ箱の丸を狙ってシュートしてしまえばいい。これはあなたの意見ではないから、あなたの人生にはいらない。世の中の価値観の1コマとして自分を無視して生きるのは今日でやめだ。あなたの人生なのだから、自分はどう考えるか、どう感じるかを一つ一つ取り出して、観察して、向かい合って、分析して、厳選して、そして選び取る作業は、もう一度生きるために欠かせない作業だ。

世論を漠然とそういうものだからと基軸にして自分の意見として勘違いしていないだろう

か？　たとえば「幸せとは？」を一つとっても皆それぞれ違う。私はどう思う？　ほんとにそうかな？　と問うていくと自分が求めてきたものは意外にも実はシンプルであることに気付くだろう。実はもう手に入れているのに疎《おろそ》かにして、ほかを探し続けているかもしれない。

幸せとは何だろう？　一人ひとりの幸せの形は違い、全く同じ形は一つもない。それに気が付くだけでもすごいことだ。世界中の人達はみんな違うんだから。自分の形を他人に押し付けて、ああだこうだと言うことが間違っていることがわかるだろう。逆に誰かに押し付けられて心を痛めるのも見当違いな話であることに気が付ける。

人生その状況にならなければ見えなかった幸せがあり、それはその当人達しかわからないし、感じられない、特別な宝物の経験だ。それをどれだけ上手に他者に説明しても共感を得るのは難しいかもしれない。当人達には見えるが周りからは見えない。本当に崇高なもの、美しいものは見えないのだから。

ほら、愛だって目には見えない。それと一緒だ。幸せも目には見えない。幸せとは本当にプライベートなものだと、私はまりいが産まれてから気が付いた。目が覚めたような感覚だ。これに気が付かずに物質的欲望だけを追い続けて、満たされないまま生きている人はたくさんいる。自分の過去の残像もそこにあり、それにも気が付いて私は二度驚いた。まりいと出会えて私は救出されたのだ。あなたにだけわかる、あなたにだけ見える、それがあなたの幸せで世界中で唯一のあなたの幸せの形。それがわかると人生は素敵だ。周りの人の人生も唯一無二の美に満ちている。皆それぞれに小さな舞台の上で自身の物語を懸命に演じている。

さて、あなたの思う幸せとは？　それが現実化したとして本当にあなたは幸せかな？

ダウン症とは？　普通とは？　普通と違うとは？　幸せとは？　不幸とは？

一つ一つ向き合って考えてみよう。

ステップ26

## ダウン症とは何でしょう？

近所の公園で、まりいが産まれたばかりの頃に参加した市のダウン症の親の会で出会った家族に会った。私はその会にはもう参加するのをやめてしまったので、3年ぶりくらいの再会になる。「まりいちゃん、大きくなりましたね」と会話が始まる。

公園の大きな滑り台でその方の息子さん7歳くらいと、まりいと、まりいのお姉ちゃん6歳とキャッキャ、キャッキャ、子犬のようにじゃれ合って遊んでいるのを一緒に眺めていた。

そしてその子のお母さんが「ダウン症って何なんですかね？」と静かにつぶやいた。そして私も「ダウン症って何なんでしょうね？」と返事した。

この質問にはオウム返ししか言葉がないのだ。なぜなら、これは私もよく思う疑問だったから。もちろん、ダウン症という先天性異常の詳細はお互いに、誰かにワークショップできるくらい理解している。そうではなく、それを通り越した後でふと思うのだ。ダウン症って何なんだろう？　と。そこにはネガティブな感情はなく、落ち込んだり、悩んだりしているわけでもない。

これは私にとって、永遠の愛すべき疑問であり、これからの好奇心である。まりいは神秘に満ちていると言ってもいい。これが、彼らがギフトとか、神様と人間の間に存在する天使と言われる理由なのかもしれないと一緒に暮らしていてよく思う。

オウム返しした私の返答に、その男の子のママは大きく頷《うなず》きながら、また目を細くして子供達を眺めていた。私達は同じところにいた。同じ愛すべき疑問を持ち、彼らに特別な感動をもらい経験をさせてもらえていることに感謝している。

小鳥がさえずり、木が風に揺れる。子供達の笑い声。沈黙の時が流れる。いい沈黙だ。

## ステップ27　ダウン症について考えてみよう

ダウン症のあるお子さんの親御さん達は、皆さんもうご存じだと思うので、ダウン症とはという基本的知識を私がレクチャーすることは必要ないだろう。

私がダウン症について驚いたことを書こう。まりいの担当医はアメリカのメリーランド州ボルチモアへダウン症の研究で留学されていた先生だ。年齢は30代後半から40代かな。淡々とした先生で、時々する雑談の中で私を驚かせるようなぶっちゃけ発言をするので、私はお話しするのを楽しませてもらっている。

「ダウン症って本当はまだそんなに研究されていないんですよ。癌みたいにたくさん研究費が出る分野じゃないからね。まだまだわからないことが、たくさんあるんです」。

えー！　わからないことだらけなんですか！　それより私がもっと驚いたのは、

「ダウン症といっても、健常者がそれぞれにみんな違うでしょ。私達がみんな違うようにダウン症のある人達もそれと同じくらい皆違うんですよね」。

これは私に衝撃を与えた。健常者が皆違うくらい違うって、皆めっちゃ違うやんか～！　なんやそれ～！　と病院の帰り道ぶつぶつ一人ツッコミをしながら歩いてしまうくらいに。

その発言は、今まで得たダウン症についての知識が詰まった私の頭の上の蓋が開き、放出されてしまったような感覚だった。台風に吹き飛ばされて振り出しに戻ったか？　まだ2、3コマは前進できている？　ダウン症関連の本をたくさん読んで勉強した意味はあったのかな？　ダウン症とカテゴリー分けする意味あった？　ダウン症関連の本の最後にはいつも「個人差があります」と締めくくられるのはこれかと思った。

帰宅して夫にこの驚きを話すと「オフコース！」と、まさかの俺知ってたし発言！　二度驚いた私（笑）。まだわからないことだらけのダウン症、健常者と同じぐらい皆違うダウン症。そこに個人の性格、気質の違い、うちの場合は2カ国の文化言語が混ざっている、家庭環境の違いがブレンドされる。

どう成長するのか、どうサポートしていけばよいのか。正直なところマニュアルなんてものはなく、傾向なんてものもなく、つまり、ベストを尽くして、もう後は出たとこ勝負なんじゃない？　と思う。それは私の上の2人の子達と全く一緒だ。ほら少し、ダウン症？　それがどうした？　と思えてこない？

ステップ28

## 普通って何だ？

スティングの「イングリッシュマン・イン・ニューヨーク」をよく聴いている。ニューヨークに移り住んだイギリス人の移民の気持ちを歌っている。一緒に聴いていた当時9歳の息子

が「日本人がニューヨークへ行った方がもっと外国人の気持ちだよ。イギリス人は言葉が一緒なんだからそんな悲しまなくてもいいじゃないか!」とヤジを飛ばした(笑)。イギリスでは普通なことがアメリカでは普通じゃない。新しく始まった異国での生活で孤立するつらさは本人にしかわからないものだ。

ダウン症のある赤ちゃんが産まれて、普通じゃないからつらいと思う。普通の赤ちゃんが良かったと思う。あなたがしがみついて悲しんでいる〝普通〟とやらを一度、解体して観察して、普通って何かを考えてみたらいい。

普通とは何だろう? あまりにも曖昧で自らの幻想であることに気が付くだろう。あなたの普通と配偶者の普通。あなたの親の普通と配偶者の家族の普通。近所の人の普通。幼稚園のママ友の普通。学生時代の友人の普通。職場の普通。同じ日本でも田舎と東京の暮らしの普通。それぞれ違うのではないだろうか?

私の場合、私の思う普通とアメリカ人の夫の普通はかなり違う。彼の家族の普通、私の家族の普通もかなり違う。まりいが行っている公立幼稚園のママ達の普通と、上の子2人が通っている私立小学校のママ達の普通もまた全然違う。2つの国の言葉と文化が飛び交う家庭内の状況は、日本の一般家庭と比べるとかなり普通ではない。しかし国際結婚している家庭と比べると、あるあるだらけの至って普通の生活なんだと思う。

普通とは何だろう？　結局何と比べるか、どのグループに入るかで、普通はあっけなく変わる。私の普通の概念は子供達の個性により日々コンフォートゾーン（居心地の良い場所）を広げられ、作り変えている最中だ。普通は常に意識してアップデートしていかないといけないものだと最近つくづく思う。普通とは結局、あなたが今属している団体の中から湧き出す曖昧な価値観の共感や、皆一緒の安心感、居心地の良い心理なだけだ。構成員の普通のパーセンテージが変わると普通だった自分が普通ではなくなり、普通じゃないから急に不安になる。

つまり自分と同じような居心地よいグループから出て、自分の今までの普通とは違う新しいグループに入ってそこにいることで、そこでの普通に慣れるとそれが新しい普通になる。

コンフォートゾーンを広げ続けよう。広げる時にはつらいだろう。混乱するだろう。痛みが伴うだろう。でも一度広がってしまうとあなたは大きくなれる。強くなれる。自由になれる。心が安らかになる。そうなると、ダウン症は普通じゃないから悲しいなんて、何とも思わなくなり、感じなくなる。え？　それがどうした⁉　の領域へ到着だ。

ウェルカム。狭く古いあなたの普通と普通じゃないの境界線が崩れて広くなった。あなたの普通、周りの普通、聞いてみて。考えてみて。話してみて。話す人により普通が違うことに驚くだろう。あなたがつまらないものに縛られている、縛られてきたことに気が付くだろう。

コンフォートゾーンを広げよう。あなたの子供達のために、何よりあなたのために。

## ステップ29 お腹から声を出す

堂々としたジェダイママになるために、声をいつもより2〜3倍ボリュームを上げて話すように意識しよう。もう、小さな声でしょぼしょぼと話さない。笑う時はお腹から声を出してガハハと笑う。笑い声を聞いた人がつられて笑ってしまうくらいの笑い方で。ありがとう！ありがとうございました！　と堂々と通る声で言う。

謝る理由がそこにないなら「すみません」を連呼する習慣をやめ、「ありがとう」をもっと言おう。あなたのエネルギーが変化していくと周りのエネルギーも変わり始める。

ステップ30

# 人の着ているTシャツのメッセージはきっと天からあなたへのメッセージ

出会う人、道ですれ違う人が着ているTシャツに書いてある英語を読むことは、アメリカから帰国してから15年くらいずっと、ついやってしまうやめられない私の癖である。どうしても読まずにはいられないのだ。まりいが生まれてから、その知らない人が着ているTシャツのメッセージがシンクロニシティー(意味のある偶然の一致)であることに驚くようになった。

初めて驚いたのは病院の待合室。まりいがまだ赤ちゃんだった頃。ダウン症のある男の子が走ってきて、赤ちゃんのまりいをニコニコと見ていた。その男の子のTシャツにはブロークンイングリッシュでこう書いてあった。

〝新しいはじまり。あなたはドアを開けました。美しい素晴らしい世界へようこそ!〟

椅子から落ちるくらいびっくりしたのを覚えている。あなたも今日から出会う人の着ているTシャツの英語を読んでみて。それはきっと天からのあなたへのメッセージが書いてある(かもしれない)から。

ステップ31

# あなたに本当の友人はいる?

もしいないなら大至急、あなたのコミュニケーション方法を改革して、心の友をゲットして!

私が20代の頃、就職の面接で聞かれた質問が、この何十年も私の頭の上をぐるぐる回るうるさい虫のようにずっと付きまとっている。

それはこんな質問だった。

「今、あなたにあなたの友達に電話して、ここに友達を呼んでくださいと言ったとして、あなたが電話をかけて、どうしても今来てほしいと頼んで、その人がやっていたことをすぐやめて、一目散にあなたのためにここに駆けつけてくれる友達はあなたにはいますか? そしてそんな親友はあなたには何人いますか?」。

その時「はい、私には9人います」と平然と答えた。そして「たくさんいるのね」と感心されたのを覚えている。

実際のところ、それは咄嗟《とっさ》に出たデタラメで、当時の私は1人友人が来てくれるかどうかも、私の家族ですら来てくれるかどうかも、ものすごく怪しいところだった。そしてその9人といった自分の答えにいつになったら届くかな？ といまだ指折り数えて考えている。もう、この質問に取り憑かれてしまっていると言っていい。とるものもとりあえず駆けつけてくれる友人の姿。友人のために一目散で駆けつける自分の姿を想像する。今それができるのは誰だろう？ あなたは考えたことある？ あなたにはそんな友達はいるだろうか？ あなたが駆けつける友達は何人いるかな？

もしあなたが一人も思いつかないなら、コミュニケーションの取り方を変えなければいけない。心の友を作るにはまず、あなたの正直な思いを真剣勝負で話さないといけないし聞かないと何も始まらない。うわべだけの、プールサイドに座って足だけバタ足してるような会話のコミュニケーションの取り方では、誠の友人はできない。この人は面白いなという人が見つかれば、その人に正直な自分の気持ちを話してみる。少しずつでいいから。そして相手が話すことは、相手が本心を話しているのか注意深く耳を傾けよう。

ダウン症の親つながりで親友というのは作りやすいのではないかと私は思う。初めから正直な思いをさらけ出すような話になりやすいし、共感も多いから。正直に話せて、飾らなくていい親友を作ろう。それはあなたという船が嵐に遭って流されそうになった時、しっかりとあなたを留めてくれる錨《いかり》になる。道に迷った時に一緒に歌いながらさまよってくれる。何もやる気が起きない時、生きていることの美しさ、楽しさを思い出させてくれる。

本音を告白し続けよう。友達を見つけるために。共に喜び、共に怒り、共に泣き、共に大爆笑して、これからの限りある人生、心に寄り添い合える心の友を得よ。

## ステップ32 明るい色の服を、あなたも子供も着よう！

毎日あなたの身体をくるんでいる布、それが服。若い頃は気を使うが中年に差し掛かると特に育児をしていると、もうどーでもいいよなと思えてくる。

わかる、ものすごくわかる。でも、たかが服、されど服。あなたの身体を包んでいるだけに、それは確実にあなたの精神状態に影響を与えると私は思っている。特に服の色について考えてみてほしい。どんな色をまとっているか。鏡を見た時パッと目に入ってくる色。顔の下にフレームのようにある色。周りがあなたを見た時に、相手の目に映る、あなたの印象の色。それが明るいか暗いか、イキイキしているか、すり減った感じか。

ジェダイママ、ダダは明るい色を着て、気持ちを、エネルギーを上げよう！　子供達にもカラフルな色を着せてあげよう。かわいい色ね、オシャレねと、行く先々でいろいろな人に声をかけられると、まりいは嬉しいみたい。笑顔になって「センキュー」と言う。彼らの感性と心を刺激するバラエティーのある色彩で包んであげよう。

ステップ33

## 大人のあなたは子供の目からどう見えるか、想像してみて

子育てしているママ、ダダ達の朝は慌しい。早くしなさい！　何やってるの⁉　急いで、急いで！　の連発ではないかと思う。長男が幼稚園児の頃、まさに私はそうだった。幼稚園への徒歩での行き道で虫を見つけて座り込み、橋の上から車を見つめてこれまた座り込み……。「幼稚園行きたくないな、ママといたいな」と言ってまたまた座り込んだり。そして早くしなさい、幼稚園閉まっちゃうよ！　どうして真っすぐ歩けないの！　と私は毎朝怒っていた。急《せ》かす声掛けばかり、毎朝子供に浴びせていた。

余裕がなかったのだ。心も時間も精神的にも。初めての子供だったし、幼稚園にちゃんと行けないと小学校も行けないいんじゃないかと焦って考え過ぎていた。そんなことないのにね。

悪かったなと後悔している。幼稚園なんて遅れたってどうってことない。一緒に虫探しして、車を数える時間を共に過ごせばよかったなと今だから思う。

まりいちゃんとの登園は上の子2人の時より余裕がある。すれ違う犬をなで、一緒に丸いベンチの上を何周も回り、橋の上で座り込んで、バスを見つけてはバイバイと叫びながら手を振り共に喜ぶ。

長男の頃のママ友が見たら私の覚醒具合に腰を抜かすかもしれない（笑）。まりいと橋の上から忙しく行き交う大人達を見ながら、私は子供の目から世の中はどう見えているのかを想像する。忙しそうに歩き、難しい顔でスマホをチェックする大人達の姿は、彼らの目からどう見えるのか想像する。大人達も昔は子供達だった。私が子供だった頃、大人がどう見えていたか思い出してみる。私が子供だった頃に見えていたもの。今見えていなかったものが少しずつ見え始める。あなたが子供だった頃、大人のここがつまらないなと思っていた大人に、あなたはなってしまっていないだろうか？

ステップ34

# 神様からのあなたへのギフト

あなたに耐えられない出来事を神様はお与えにはならない。あなたなら大丈夫、対応できるという出来事だけがあなたの人生に与えられる。もしあなたの人生に難関が与えられたのなら、あなたにならば必ずできると神様はあなたを信じているから。あなたは神様に選ばれた光栄な人。あなたの魂がチャレンジする経験は、神様からのあなたへの特別なギフトである。

まりいちゃんが産まれたばかりの頃、この聖書の中の一節をさまざまな言い回しでたくさんの人達から言われた。ダウン症のあるお子さんを持つご両親は、誰かから一度は言われたことがあるのではないかと思う。出産間もない頃にこの言葉を言われると、大阪出身の私の率直な感想としては「じゃかましいわ‼」と心の中でいつも思っていた（笑）。

あれから月日が経ち、最近では本当にそうだな、この言葉はほんまなんやなと心から思う。まりいが私の人生に来たから私の人生が深まった。共感性や視野が広がり、他人の気持ちに寄り添えるようになった。急激な速さで魂の成長経験をさせてもらっていると感じる。ギフト体験なんだなと心から感謝している。あなたも選ばれし特別なギフトを神様から与えられた恵みに満ちた人。今はまだそれがピンとこないかもしれないけれど。

ステップ35

# 私の長所って何だと思う？　ちょっと言ってみてくれないかな？

元気が出ない時、落ち込んでいる時、自分に自信が持てない、そんな時。周りの人達に「私の長所って何だろう？　ちょっと言ってみてくれない？」と聞いてみよう！　いい年してティーンエイジャーみたいに自分探ししてるよこの人（笑）！　なんて思われても、驚かれても、気にしない。それがどうした⁉　と開き直ろう。

大人になっても自分探しは続くもの。まずは家族、旦那さん、奥さん、親でもいい。親は子供の頃から見ているので、あなたが原石だった頃を知っている。そして子供達にも聞いてみて。面白がってたくさん言ってくれる。

私も昨日、子供達に聞いてみたら、ママの良いところは優しいところと、顔にシミがたくさんあるところと前歯がかわいいところ！　と6歳の娘に言われた（笑）。

長年の友人、学生時代の友人、最近の友人、職場の同僚もいいだろう。メッセージを一斉送信したら手っ取り早い。意外と皆答えてくれるから。そしてその時に相手の長所も伝えてあげよう。率直に言われると恥ずかしがるけれど、確実に喜ばれる。

やっぱり自分の良いところを、誰かに「こんなところやこんなこと、実はいつもすごいなと思ってる!」なんて言われると、誰だって嬉しいもの。そうかそうか、私は周りから見るとそんなふうに見えるのか、そこが良いところか……と新しい発見もあるだろう。そうしたらもうちょっと頑張ってみるかと、調子に乗って何かに挑戦しようと思えてくるから。

じゃあ、今から一斉送信してみてね。

## ステップ36 現実を受け入れるということ

現実を受け入れ、前へ進むということは、簡単そうであるが大変難しい気長な作業だと思う。年月が過ぎたから受け入れられるというものではない。一生受け入れているように見せかけて現実から目を背け続けることもできる。

現実を受け入れるということは、打ち上げ花火が上がるように、一気に受け入れられるというものではない。花がゆっくりと成長するように、芽が出て葉が開きツボミができて繊細な花びらが一枚ずつ開いていくような、そんな丁寧で我慢強い作業だ。焦って無理やり花びらを手でこじ開けようとしてはならない。花自体が折れてしまい、また新しくツボミをつけるまで、また一から待たなければいけない。

気長に自分の受け入れの花の成長を見守る。決して焦らずにゆっくり。ただ目はそらさずに「受け入れたい」と懇願し続けること。それをやめてはいけない。周りに強がりを言わなくていい。器用に振る舞わなくていい。早く、早くと焦らなくていい。ゆっくり受け入れるぞ。よっしゃ来い！　と構えていれば自然とドアは開いていく。その部屋を進んでいけば毎回そこには気付きがある。それを繰り返すことで受け入れが深まっていくのだ。

ステップ37

## 無意識の行動、影との戦い

私は家事をしている時に英語を聴いている。ＹｏｕＴｕｂｅで時事ネタ、政治、スピリチュアル、心理学、ドキュメンタリー。そのあたりを流している。

まりいが1歳くらいの時、アメリカの連続殺人鬼のドキュメンタリーを延々と聴き続けていた時期があった。自分でもどうしてそんなものを聴くのかわからず、無条件に殺害されていく被害者の話を聴き続けて1週間経った頃、ついに気分が悪くなり倒れてしまった。そして起き上がり、Down's syndromeと検索した。その時初めて「ダウン症」をＹｏｕＴｕｂｅで検索した。

まりいが産まれてから、ダウン症と検索してドキュメンタリーを見る行為を避けていたのだ。怖かった。大人になった彼らの様子を見るのがどうしようもなく怖かった。だからずっとダウン症についてのドキュメンタリーはどうしても検索できないでいた。でも避け続けることはできないこともわかっていた。だから無意識に、まずは怖い連続殺人鬼のドキュメンタリーを倒れるまで聴き続け、心の準備をしていたのかもしれない。

初めて見たドキュメンタリーは、ニュージーランドでダウン症の2人の娘とシングルファーザーが手作りのキャンドルビジネスを経営する話だった。感動してずっと涙を流しながら、見ていたのを覚えている。何にも怖くなかった。そこには愛が輝いていて美しかった。感動しかなかった。私もまりいとビジネスをやりたいなと想像し、将来が楽しみになった。私が恐れていた怖い現実など何一つなかった。連続殺人鬼のほうが何百倍、いや何千倍も怖かった。

人間の意識の領域は脳内で微々たるパーセンテージしかない。ほかの90％以上は無意識の領域だ。無意識に行動する流れに身を任せてみて。それはその時は不可解に思えることでも最後には大きな意味を持つ行動だとわかるから。

ステップ38

# 今自分は人生の黄金期を生きているということを自覚せよ

子育てで、特に子供が小さいうちの、しっちゃかめっちゃかになっている毎日を過ごしているあなたに朗報だ。将来あなたの髪がほとんど白髪になり、動くのも食べるのもしんどく、何もかも面倒臭いと思うようになった時、今まで生きてきた人生の足跡を振り返り、さて、いつが自分の人生の黄金時代、最盛期であったかと考えると、確実に子育てでヘトヘトの今の時期を思い出すだろう。

あの頃は子育てに追われて一番大変だったけど、楽しかったな、かわいかったな。この時期が私の人生の宝物です、というあなたがいる。そして時計の針を巻き戻して、今日これを読んでいる今、あなたはあなたの人生の黄金期をまさに今日、今を生きている。そのことを自覚し、しんどく感じるなら自分に言い聞かせよう。私は今ゴールデンタイムにいるんだ！楽しまないで、味わわないでどうするんだ？　って。

人生の黄金期を堪能せよ。存分に体感せよ。毎日は長いけれど、子供達が子供でいる時間は短い。あなたの子供達のかわいい面影は大きくなるにつれ、フェードアウトしていき、子供達は偉そうなおっちゃんとおばちゃんになり、「お母さん。ちゃんとご飯食べなあかんよ、運動せなあかんよ」なんてあなたに言ってくるようになるのだ。

そうなった頃も私はその偉そうなおっちゃんとおばちゃんの中にある子供だった頃の面影をずっと探して、彼らの顔をじっと見つめるんだろう。あのかわいかった子供達はどこに行ったんだろう？　と。その頃に子供達と黄金期にもっと楽しめばよかった、もっと優しくあればよかったと後悔してももう遅いのだ。

今日この瞬間を自覚して満喫せよ。今日健康であることを祝福しよう。携帯とテレビを止めて、子供達の目を見て笑い、ツルツルの髪を触って抱きしめよう。全て過ぎ去っていくものすごい速さで。ほっぺたが盛り上がった横顔も、小さいもみじのような手も、あっという間に通り過ぎていってしまう。今日はそんな視点で、子供達を見つめてみて。話してみて。

今あなたは、人生の黄金期に立っている。楽しんで！

ステップ39

## 暗い妄想の雲

ダウン症のあるまりいちゃんの将来のことを考えて暗くなることはありますか？　と、もし今聞かれたら、「まりいちゃんにダウン症あるから将来が心配で暗くなること？　んー。ないっすね。はい」と私は答える。子供達の将来が心配か心配じゃないかと言えばそれはものすごく心配で、でもその心配度は私の長男、長女、まりいちゃん、それぞれ同じ分量で心配だ。

ダウン症があるから心配なのではない。健常児だから心配ない、ダウン症だから心配、なんて言える平和な世界情勢、時代ではないからである。それに、今日健常児でも明日障害児になるかもしれない。そんな可能性を皆持っている。

変わりやすい奇跡の塊の日常を生きていることを心得ながら毎日を過ごしている人は少ないと思う。そんな不安定なところに安定を組み立てようとしながら生きているのが人間だから。将来を心配し出すと暗い妄想雲に覆われて、出られなくなるのは当たり前である。

心配なんて全くしないで毎日明るく元気いっぱい未来に希望と期待が溢れて困ってますっていう人の方が変人なのかもしれない。でもその変人の方が良い一日が送れるだろう。人生は一日一日の積み重ねだから、その変人の人生は良い人生になるんだろうとも思う。そしてそんな人は変人なのではなく、単純に未来の、まだ起こっていないことを考えて心配する行為に時間を使わず、思考をずらして、今と手の届く距離範囲でのポジティブな未来に思考をフォーカスしているから、妄想雲の中に入らないで済んでいるだけなのだと思う。

極論、将来はなるようになり、今あなたがどんなに考えたって時間とエネルギーの無駄だということ。起こったたびに考えて解決していくしかないのだ。それはわかってるんだけれど、ついつい考えてしまって暗黒の妄想雲から出られなくなってしまっているんですという、そんなあなたへ、妄想雲を消す方法の処方せんをお出ししましょう。

ステップ40

## 将来の不安、心配の妄想雲を消す処方せん。長過ぎる前説

まりいちゃんの出産後間もない頃、私がまりいちゃんの将来を想像して、これができないんかぁと思って暗くなったことが1つある。今書いていても自分でもおかしく、もっと他に心配することなかったのか？　とツッコミどころ満載なんだけれど、よし、笑われることを覚悟で書こう。

まりいちゃんが20代になった頃、目一杯オシャレして、たとえばアメリカのドラマの主人公みたいにヒールを履いて、タイトな、あの年齢だけが着るのを許されるドレスを着て、友人同僚に囲まれながら冗談を言いながら、夜の街を闊歩する。夜を駆け抜ける、夜遊び。そう、まりいちゃんは夜遊びができないんかな？　と思うと私は暗く落ち込み、ホロホロ泣いていてい

る時期があった（笑）。じゃあ私が20代の時に夜遊びをしていたタイプだったのかといえば違い、同僚の誘いを、用事があると断って帰り、家でジャージを着て、村上春樹を読みながらポテトチップスを食べて至福の時間を過ごしていたカウチポテトタイプだったので、私にもこれが引っかかることが意味不明ではあった。でもそれを考えると、まりいちゃんはかわいそうだよと涙が出た。これを書いていて何を言っているんだと今は笑えるんだけど、当時の自分は真剣に悲しくて泣いていたのだ。

そんなある日、私が暗いので長男と長女が心配して「ママどうしたの？」と聞くから、説明したら、「大丈夫。ママ、僕達がまりいちゃんを夜遊びに連れて行ってあげるから」と長男が言ってくれた。ウンウンと目をまん丸くしてうなずく長女。

私「目一杯オシャレしてだよ？」。息子「目一杯オシャレするよ」。私「まりいちゃんもハイヒール履いて？」。息子「もちろん履く。コツコツいわせて歩くよ」。私「踊りに行ったりするんだよ？」。息子「踊る、踊る！　ニワトリ踊りするよ！　かっこよすぎてみんなが見るよ、僕ら3人を」。

ダンスホールの真ん中で25歳の息子と22歳の長女、20歳のまりいちゃんがニワトリ踊りして大爆笑している様子を思い浮かべた。

「何それ！　めっちゃいいやん！　楽しそうやんか‼　ママも絶対行きたい！」とここで俄然元気になった（笑）。

そんな3人を見たいということで、まりいちゃんが二十歳《はたち》になったら子供達と私と目一杯オシャレして夜遊びに出かけるという約束を2人と交わした。ウソついたら針千本飲まされるというなかなかハードな刑罰の、破りにくい子供社会の契約のやり方なので、彼らには破ることはできまい（笑）。

将来が不安になると、私は、そのいずれ必ず来る楽しい未来の子供達との夜遊びの時間を妄想する。できる限りリアルに。すると暗黒の妄想雲は分散していき、光が差す。耳の中には笑い声だけがこだまするようになると、成功だ。暗雲を打ち消すことができる。つまり、暗い妄想から出られなくなったら、楽しい未来のシーンを強く想像する。そうすることで雲を呆気なく消すことができる。それが処方せんだ。

楽しみな未来のシーンを上手くイメージするスキルを身につける。日々訓練をしておくと暗い思考の嵐に襲われた時、すぐ思考を切り替えられるようになる。前説が長過ぎて本題はまた次になってしまった。次はいよいよどうやってリアルに、上手くイメトレするか、そのやり方を伝授しよう。

ステップ41

# 幸せなイメージの作り方。将来を不安に感じた時の処方せん①

リラックスして横になれるところを探そう。ベッドでもソファーでも畳の上でもいい。家族に邪魔されない部屋や時間を選ぼう。横になり体のすべてをまずはリラックスさせる。足の先から。足の先はリラックスしている、足首はリラックスしている…という調子で、足から頭の先、脳みその中まで順番に電源をＯＦＦにしていくと不思議と体の緊張を緩めることができる。さあ、あなたとあなたの子供の将来起こる幸せのシーンをイメージしていこう。注意として、こんなこと起こりっこない！　世界旅行のお金がない、とはじめからネガティブに将来の可能性を小さくしぼめてしまわないように。何を想像してもいい。ジェダイママ、ダダよ。リミットレスな幸せな大志を抱け。私の場合は20歳のまりいちゃんと長男長女との夜遊びだ。

あなたはあなたの子供とのどんな将来のシーンを想像する？　ワクワクしてあなたの顔が自然と楽しくてにやけてしまうような、そんなシーンを想像してほしい。子供と世界旅行でもいい。カフェを経営して一緒に働いているでもいい。何でもいい。

子供がピアノの演奏をしているのを客席で見ている。息子が水泳選手になりそれを自分は応援していて金メダルをもらうシーン。もっとささやかな日を切り抜いてもいい。ティーンエイジャーになった娘が母の日に、貯めたお小遣いでカーネーションを買ってきてくれてあなたにハグしてくれるシーンはどう？「お母さんありがとう。世界で一番お母さんが大好きよ」と言われる。

考えただけで私は、感動のあまりすでに号泣してしまう(笑)。あなたの心が幸せで躍り出す、そんな素敵な将来のシーンを1つ、決めておいてね。

ステップ42

## 幸せなイメージの作り方。将来を不安に感じた時の処方せん②

あなたと子供とのワクワクする将来のシーンを1つ決められただろうか？

では、始めよう！　横になりリラックスした状態でそのシーンを映画のようにイメージしていく。そして大切なのはあなたの五感の体験を確実にそのイメージの中に入れていくこと。触る、味わう、聞く、見る、嗅ぐの体験を滑り込ませる。なぜか。そうすることでイメージがただの妄想ではなくなるからだ。

あなたの潜在意識にリーチして、繰り返して、イメージする習慣をつけると、将来実現できる。引き寄せのイメージのテクニックだから。せっかくなら実現させようではないか。五感を使うイメージは、私の場合、20歳になったまりいちゃんの歩くヒールの音が聞こえる。コツ、コツ、コツ、コツ……。そこから始めよう。まりいはオーガンジーのデコレーションがついた黒いシックなドレスを着ている。リボンが取れていたので直してあげる。つややかで繊細な生地を触りながら、上手にちょうちょう結びをもう一度作ってあげる。「ありがとうママ」と、まりい。

3人の大きくなった私の子供達のどっと湧いた笑い声。長男の声がもうソプラノではなくなっている。夫の声に似ているなと思う。

私達は夜の繁華街を歩いている。繁華街の匂いだ。タバコとお酒とアスファルト、たくさんの人達の欲望と疲労の混ざり合った匂い。空を見上げるが星は見えず、その代わり車のライトと看板のネオンサインが眩しい。ビルの中はまだ灯りがついている。夜の街はひっくり返した宝石箱みたいだ。ある店の前で長女が私に話しかける。私の身長より大きくなり、私は少し見上げて話す。「どこのお店でもいい」と私は答える。私があげたカルトゥージアの香水をつけている。イタリアのカプリ島の匂いだ。店に入る。すごい大音量だ。これは持たんな。終電で私だけ帰ろうと思いながら、カウンターの右端に腰かけ、ジントニックを頼む。

子供達はダンスホールに近い席に座って私を手招きしている。

皆大きくなった。冷たいジントニックを一口飲みながら子供達の席に近づく。「乾杯の前にもう飲んだな！」と3人に叱られ私は笑ってごまかす。

乾杯！　まりいちゃん20歳になりました。今夜は羽目を外してチキンダンスで盛り上がるぞ！……こんな感じで続けて。

自分が想像しながら、つい笑ってしまうくらいリアルにイメージできたら成功だ。タイムスリップして未来の映像を見ている感覚で。夜寝る前、寝起きの頭はリラックスしていて否定的な思考が働きにくいから、潜在意識にリーチしやすい。できればその時間帯をオススメする。将来が不安になって落ち込んでいる時も思考の切り替えになる。ぜひやってみてね。

## ステップ43　子供とあなたが一緒に写っている写真を残そう

写真を撮る時、子供の写真ばかり撮ってしまっていないだろうか？　アルバムが子供ばかりの写真しかない状態。親不在になっていないだろうか？　子供に「ママも一緒に写真撮ろうよ！」と誘われても、産後戻らないぽっちゃり体形を見たくなくて、増えてしまったシミを直視したくなくて、リアルに現出されるであろうもう若くない自分を認めたくなくて、「ママはいいねん！　かわいい子供達だけで」と逃げていないだろうか？　私は逃げていたし、今も逃げがちではあるが、最近は撮るようにしている。

昨年父が亡くなって写真を1枚サイドボードに飾るようになって、私が子供だった頃、宝塚ファミリーランドで父と一緒に2人でアイスクリームを食べている写真を飾っている。何でもない写真なんだけど、見るたびに美しいなと思う。なるほど、子供と一緒の何気ない日常の写真を、子供達が大人になった時のために撮っておかないといけないんだなと、この写真を見て私は気が付いた。時が過ぎて子供達が大きくなって、自分が子供だった頃の記憶が曖昧になってしまった時、親と一緒の写真のパワーは年を重ねるごとに増加していくだろう。

大切なのは、子供の頃の自分と家族はどんな表情で笑い合っていて、そんな温かな時間が確かにあった、その時間を閉じ込めるような写真を撮ることだ。親の体形とか、どんな服を着ているとか、どうでもいいのだ。大人になったあなたの子供が、私は愛されて育ったんだなと確信できる証拠写真。心の錨《いかり》になる写真を残さないといけない。子供が1人で突っ立った写真ではそれは表現できない。親は子供と写真に入らないといけないのだ。赤ちゃんと髪ボサボサの寝不足な私。幼稚園児の子供と大人げないポーズの私。小学生の子供と、家着で眉毛も描いていない、よそ行きではない、いつもの私と2人でじゃれ合う写真。

リアルに残してやろうではないか！　将来大人になったあなたの子供達のために。さっそく撮ってみてね。

## ステップ44 あなたと子供が周囲から見られることに慣れよ

まりいちゃんにダウン症があることについて、それがどうした⁉　と自分の感情が揺り動かされないようになれた理由の一つ。それは他人からジロジロと自分や子供が見られることに、まりいちゃんが産まれた頃には私はすでに慣れていたことが挙げられる。

家族で街を歩いているとすれ違う人から待合室で、レストランで、電車で、ショッピングモールで見られる視線に。幼稚園で、この子は、この家族はちょっと違う。普通ではないカテゴリーに入れられることに私はすでに慣れていた。国際結婚、ハーフの長男長女の育児経験により、まりいちゃんがやってきた頃には、もう人の目なんて何とも思わんよと、痛くも痒くもござらぬの域に達していたのだ。だからまりいちゃんが見られることに全く抵抗がなかった。

やはり街へ出かけると、ブロンドヘアでダウン症のあるまりいちゃんに視線が集まる。でもそれが嫌だなとか、つらいとか、私は感じない。何にも感じない。シンと静まる湖のような心の状態。でも、見られることに慣れていなくて、見られることが初めてで視線が気になるというママ、普通のカテゴリーに今までずっと入っていたのに普通ではないカテゴリーに入るということがつらいというママは、かなりしんどいのではないかと想像する。

私も思い返せば慣れない初めの頃は視線がつらかった。人の視線が顔の前をブンブン飛ぶ蜂のように気になり、動揺したし、嫌いだった。無神経な質問をしてくる人に会うたび、家に帰って毎回怒っていた。長男が赤ちゃんの頃はハーフと言われるだけで、人種差別だ！と腹を立てていたんだから、思い返せば自分でもあの頃は過剰に意識していたなと笑ってしまう。やはり日本で、国際結婚の家族は街を歩けば見られる。子供がいなくても大阪で夫と2人歩いているだけでも目立つ。田舎に行くと、職務質問されるし（笑）。私達に子供が産まれてからはバギーの中を覗き込んで見られるし、時には道を引き返して二度見してくる暇人もいる（笑）。慣れない頃は動揺したし、嫌だったけれど、今は何とも思わない。

私も国際結婚の家族が電車の中に乗ってきたら、やっぱり見てしまうもんな。お父さんは靴下履いてサンダル履いているからイギリス人だなとか、どんなアクセントで話しているかな？　とか。この2人がどう出会ったんやろ？　とか、子供はどっち似か？　とか。まあ、どうでもいいんだけど、やっぱりついつい観察しちゃうと思うから（笑）。見られることに慣れないといけない。他人から見られることであなたの感情を揺り動かされていてはいけない。ではどうやったら他人の視線が気にならなくなるか。次のステップで。

## ステップ45 他人の視線が気にならなくなる技。出かける前の準備

赤ちゃんとあなたが出かける前に、自分の周りに大きなシャボン玉のような透明のボールをイメージする。イメージしにくかったら両手で大きな丸を作って視覚でバブルを作ってみたり、手首にオーデコロンをつけて両手で大きな丸を作ってその良い香りの中に入るというやり方も、嗅覚を使うのでイメージしやすい。

バブルの輪を作り、あなたと赤ちゃんはその中に入る。このバブルは透明で外側からは見えないが、とても強力で、映画「蜘蛛巣城《くものすじょう》」のラストシーンみたいに、たくさんの矢が飛んできてもこのバブルの表面に当たるとフニャッと先が曲がって地面に落ちてしまうくらい強いのだ。そんなイメージを持ってほしい。

この中は完璧に安全で居心地が良い。誰も入ることができない。あなたと赤ちゃんだけの守られた世界。そして、このバリアされた世界をもっと強化させる方法が2つある。1つは

あなたが歌を歌いながら歩くやり方。大声で歌うと変人と思われてしまうので、スズメがチュンチュン鳴いているくらいのそんなボリュームで歌おう。あなたがティーンエイジャーだった頃の好きな歌でもいいし、最近の覚えたい歌を練習するのもいい。もう1つの方法は赤ちゃんと話しながら歩くこと。今日は暑いね。木の下通って歩こう。ほらちょうちょうだ。ママ写真撮ろうかな。良い写真撮れたよ。ラッキーだったよね……という調子で話したらいい。初めは一人漫才みたいだけど、赤ちゃんが大きくなるにつれ、合いの手を入れてくれるようになる。

私は英語で話していた。日本語の雑音の中で、外国語で話しながら歩くと簡単に孤立できバリアを強化できる。2人の世界のパワーを上げるために、あなたと赤ちゃんが出かける時に少し特殊な言葉で話すといい。あなたが生まれ育った地域の方言で話すのもすごくいい。鼻歌を歌うのも、子供に話しながらバギーを押すのも、初めのうちは抵抗があるかもしれないけど、すぐに慣れる。慣れたらそれがあなたの普通になる。

さあドアを開けよう。

ステップ46

## ジロジロ視線が気にならなくなる技の設定

心得として、このストーリーの主役はあなただ。あなたやあなたの子供にジロジロ視線を送ってくる人々はただのエキストラである。あなたにカメラが向いた時、後ろにぼやけて映るだけのエキストラだ。あなたの背景のうごめく影に過ぎない。ストーリーの主役はまぎれもなくあなただ。スポットライトはあなたに右からも左からも正面からも当たっている。あなたとあなたの子供や家族や友人達がこのストーリーの重要キャラクターだ。

自分や彼らに意識を集中させよう。あなたは大女優のように堂々と優雅に振る舞えばいい。あなたが神様から与えられた母親という役を楽しみながら精一杯演じきったらいい。大女優はエキストラ達が眼中に入らない。エキストラがどう思うかな？　とか彼らが考えていることを、気にしたり、考えたりしない。意識しないし、全く気にしない。あなたはエキストラに興味が全くない。

こう初めに設定してほしい。そうするとあなたの感情は平安だ。他人からの目線に動揺しない。小さな波であなたの船は揺らがなくなる。周りの雑音に惑わされなくなる。あなたの周りに他人とのヘルシーな距離感ができる。

ステップ47

# 理想はナマステの状態

ナマステ。聞いたことはあるだろう。そう、インドのあいさつだ。これにはさらに、あなたの中に神様を見つけて礼拝という意味がある。一人ひとりの人間の中に神様が宿っており、その人の中の神様にここでの出会いに感謝して合掌、という意味だ。私はこの考え方が好きで、こんなふうにいつも愛と敬意を持って家族や自分の子供達、子供達のお友達、お友達のお母さん、学校の先生方、私の人生に関わる、出会う全ての人達を、道ですれ違う人達も皆、もちろん自分自身にも、それぞれの中に神様がいるという視線で人と接したい。毎日そう思えれば理想的で、これ以上ないベストな精神状態だと思う。そう思える日はどんな退屈な予定の日だって、とてつもなくハッピーでいられる。

でもそうは思えない精神状態の時もある。他の人が自分、子供を見る視線に愛を感じられない。自分が他の人を見る視線に愛を乗せられない時ももちろんある。そんな時はこんなふうに一度考えてみればナマステの状態に簡単にリセットできる。次のステップにて。

ステップ48

# 魚リセット

ここだけの秘密なんだけれど、私は人に恐怖を感じる時、人目が気になる時、感受性が豊かになり過ぎている時、全ての人を魚だと思って、私は外を歩いている（笑）。大きな水族館の中を歩いている調子だ。前から魚の群れが来る。大きいのと小さいの、親子魚。小さい魚、太った魚、老いた魚。皆、魚。どんな服を着ているとか、どんな家に住んでいるとか、国籍の違いでさえも、相手を魚だと思った瞬間に、全てが無意味でどうでもいいことに変化する。お金持ち、貧乏、有名人、引きこもり、障害があるとかないとか、魚になると何にも違いがない。皆ただの魚だ。こだわっていた小さなことが簡単に全て自分から落ちていく。皆スイスイと忙しそうに自分の行きたい方向に泳いでいる。ヒレや尾ビレを動かしながら皆ただ一生懸命に泳いでいる。ただそれだけ。

なぜ魚なのか？　猫や犬ではだめなのか？　魚には感情が湧きにくいからいい。猫や犬は感情や思いを簡単に想像できてしまうから雑音が人間と変わらない。猫なんてネチネチ考えていそうだし（笑）。たとえば幼稚園のママ達が輪になって話しているのを皆猫だと想像すると、簡単に「私の悪口を言ってるんじゃないか？」なんて思ってしまう。でも彼女達を魚に設定した途端、そこに相手の意思を何も想像できなくなる。輪になってお互いの鱗についた藻をとり合っているのかな？　くらいにしか思えなくなるから不思議だ。水族館で泳ぐ魚を見て、魚が自分を見てどう思っているだろう？　とか、魚は今どう感じているんだ？　とか思う？　魚に対して感情を想像しにくい。だからいいのだ。

ステップ49

## 魚リセットの続き

しばし「周りの人達は皆魚」のビジョンを楽しんでいただきたい。近所の道を歩いてみて。いつも道の草取りをしてくれているおじいさんも今日は魚。「おはようございます。いつもごくろうさまです」とあいさつをする。幼稚園の先生もママ達も園児達も皆魚。皆忙しそうに右へ左へ泳いでいる。「行ってらっしゃい」とつないでいる手を離したまりいちゃんもコロンとした小さい魚。一生懸命に上靴に履き替えている。靴を履くのがほかの子よりゆっくりなくらいで同じ魚。最後にバイバイと振り返る余裕なく笑顔で教室に駆け泳いでいった。幼稚園を出て歩道橋から忙しそうに通勤する魚の群れを眺める。青く突き抜けた空を見上げてヒレで顔を撫でる。そう、そんなことをして一人遊びしている私も魚なのだ。

皆魚と仮定すると全てがシンプルに感じる。相手がどう思う、どう感じる、こんなこと言った、あんなこと言った、自分の思い……本当に大したことない。考えるだけ時間の無駄で、そんな暇があればさっさとアメーバでも探しにいった方がいいことにあなたもすぐ気が付くだろう。

そう気付いたら思い切ってこの大きな水槽の水を抜こう。青みがかった空気は透明に変わり、水が全て流れて魚が人間に戻った。人間に戻ったら一人ひとりの中にそれぞれ違うエネルギーの神様が宿っているとイメージしてみよう。歩道橋の下を忙しそうに行き来する神様達。スーパーに入る神様達。バスに押し込まれる神様達。皆それぞれ違う神様が宿っている。それを皆覚えているだろうか？　私の中の神様はどんな神様だろうか？

おじいさんは左足を引きずるようにして、道に生える雑草の根を引き抜いてくれている。「暑いですね、ごくろうさまです」とまたあいさつする。前におじいさんから「何ごともしてあげていると思ったらあかんねん。させてもらってると思ってやらなあかん。あんたやったら、子育てしてやってると子供達に思ったら絶対あかんねん。子育てさせてもらってありがたいなと思って。させていただくんやで」と言われたことを思い出す。「掃除をしてやってると思ってへん。させてもろてると思ってる。自分のリハビリにもなるしな」とおじいさんは毎日道を掃除して雑草の根を抜き続ける。雑草が生えると滑りやすくなったり、虫がたくさん発生してこの道を歩く人が怪我したりして困るから。言い換えるとこの道を歩く神様達が困るから。おじいさんに合掌。

学校、幼稚園に行った私の3人の子供達にも遠くから合掌。今日出会った魚達に、いや神様達に、全てに合掌。自分自身の神様にも手を合わす。ナマステ。リセット完了。

ステップ50

## 幸せノートを作ろう

毎日寝る前に、今日幸せだな、嬉しかったな、ラッキーだなと思った出来事を10個書き出してみよう。このノートは「幸せノート」とし、買い物リストややらなきゃいけないことなどほかのことは書かないようにしよう。魔法に満ちた神聖なるノートなのだ。幸せ発見&自覚のためのエクササイズだ。

毎日書いているといると10個も挙げられなくなっていくだろう。どこかに出かけた日はまだ書けるけれど。家にずっといた退屈な日は10個も書けないで困るかもしれない。そんな時は、家にずっといられる幸せ、清潔な水を使える幸せ、トイレが流れる幸せ、洗濯機が洗濯をしてくれる幸せ、冷蔵庫に食料を置いておける幸せ、子供達が元気で部屋が散らかることの幸せ、自分が掃除機をかけたり、昼ご飯を調理したり、家事ができる健康がある幸せに目を向けて、それらもカウントし、感謝して書き出そう。続けていくと自分は幸せに囲まれていることに気が付くだろう。自分ってめっちゃ幸せやんか！　すごーい！

カフェで久しぶりに待ち合わせた友人に会ったなり「清潔な水で風呂掃除できるってさ、めっちゃ幸せなことだよね！」と目をキラキラさせて言ってしまうかもしれない。幸せの温度差が半端ないので、会話が噛み合わず、相手を逆に心配させてしまうかもしれない（笑）。そんな日は、心配してくれる友人がいる幸せとノートに書き留めよう。今日からやってみてね。

ステップ51

## 生まれてきた我が子にダウン症があることは、自分にとって良いことだったんだ！　ということに気付く

これは今までのステップの中でもとても重要で、飛ばして上がることができない大切なマイルストーンのような階段だ。そしてこのステップをじっくりと味わい、立ち止まり、ここで考え、理解することができたら、あなたの心に大きな変化をもたらすだろう。

「まりいちゃんにダウン症があるということは、瑞穂さんにとって良いことだったのよね！」。

この言葉は産後間もない頃、私よりちょうど40歳年上の友人が私に言った言葉。まりいとはピッタリ80歳の年が違うので私と3人並ぶと精巧に作られた階段のような年齢差になる。まだ出産後1カ月も経っていない頃で精神状態も朦朧《もうろう》としていたので、その言葉は私を驚かせ、揺さぶった。この言葉は天から落ちてきた雷のように頭の頂点から入り体の中をものすごい電力で駆け抜けて地上に吸い込まれていった。そしてこの雷の電撃が通り過ぎた後に、私の中に今まで見たこともない多面的に輝く宝石が残った。その宝石に目を近づけて物ごとを眺めると、違って見えるようになった。

当時まりいにダウン症があることは悲しいことであり、不幸であるとしか思えなかったし、私の周りの家族、友人、医師、市の関係者も不幸なことであるというような雰囲気で私に接していたので、良かったのよね！　と言われて、その友人の視座に座りかえるまでに少し時間がかかった。だが、そこから眺めてみると、この言葉通り、まりいちゃんにダウン症があるということは私にとって良いことだった、と今は120%言い切れる。あなたにも理解できるように丁寧に説明していこう。

ステップ52

# 糸玉を解いておく

まりいちゃんの目はとても綺麗で、神秘的な宝石のよう。少しアッシュグリーンが入っていて、光が差すと琥珀《こはく》色に光る。写真で撮ろうとするがうまく撮れた試しがない。本当に美しいものは写真では撮れないのかもしれない。そういうことなのかもしれない。

それはさておき。私にとって我が子にダウン症があることは良いことであるという気付きの説明の前に、気になる絡まった2つの糸玉を先に解いておこう。

1つは、まりいちゃんは将来自分にダウン症がなければよかったのにと思うのか？　苦しむのか？　ということ。もう1つは、まりいちゃんのきょうだい2人にとって、まりいにダウン症があることが彼らの今の成長期に、そして彼らの将来にネガティブに影響するのか？

この2つのことは、まりいにダウン症があると告知を受けた時に私が心配したことだったから。

## ステップ53 1つ目の糸玉

まりいは将来、自分がダウン症でなければよかった、生きていることがつらいダウン症がなければよかったと思い悩むのか？

「もし癌《がん》などの病気であれば健康な体になりたいと、なぜ自分だけ、健康な人が羨ましいと苦しむかもしれない。でもダウン症のある子供は産まれた時からダウン症があって成長するので、彼らにとってはそれが普通。ダウン症のないことがどんな感じかがわからないので、自分にダウン症がなければよかったのにと、思い悩むことはないです。そこまで深く考え苦しむこともできないであろうし」。

まりいが産まれた時、主治医から受けた説明はこんな感じだった。その帰り道、深く考えることしかできない私にとって、深く考えることができないというのがどんなことなのか想像できなかったが、それは生きやすいこと、良いことなのではないかと思った。海外のダウン症のある成人の人達が受けているインタビューもいくつか見たが答えは似通っている。彼らの幸福感は高く、「幸せですか？」の質問にＹＥＳと皆迷いなく即答している。

「ダウン症がなかったらよかったと思ったことはある？」という問いかけに、彼らはこう答える。「ダウン症でない自分は自分ではなくなってしまう。僕は、私は、今の自分が好きだ」と。こんなインタビューを続けて見ていると、健常と呼ばれる体と頭を持つ私達の何パーセントが自分を受け入れ、認め、愛しているだろうか？　幸福ですと言えるだろうか？　という疑問にぶち当たる。私も含め私の周りを見回しても、自分自身を認め、愛することにすら皆苦戦している。人生の折り返しの年齢になった今もなおだ。

どちらが幸せだろう？　終わりのある人生の、瞬間、瞬間を楽しめているだろうか？　どちらが、周りにある細やかな幸せに気が付きながら生きているだろう？　どちらが苦しんで生きているように見えるだろうか？　考え過ぎて苦しみを自ら作り出して勝手にもがいているのはどちらだろうか？　悩んでいるのは私達の方だ。私達は彼らから学ぶのだろう。ありのままの自分を愛し、幸せに気付き、人生を精一杯楽しむということを。

ステップ54

## もう1つの糸玉

まりいのきょうだい2人にとって、まりいにダウン症があることが、彼らの今の成長期に影響するのか？

結論から言うと、私は今は、彼らにとって妹にダウン症があることは、さまざまな面で彼らの成長にこの上なく良い影響があるのではないかと思う。自分より弱い、守らなければいけない人がいる、誰か自分を頼りにしている人がいるという生き方は、誰もいない人よりは幸福であるように私は思う。まりいが生まれてから2人にはダウン症について、ことあるごとに全てオープンに説明している。ダウン症のある俳優さんが出ている映画は必ず一緒に見るし、ダウン症関連の本も私の本棚から自由に、読みたければ読めるようにしている。何も隠さず、いつでも何でも気軽に質問できるように、意識して風通しよく、窓もドアも開けている。風通しが良過ぎるくらいだ。

重要なのは、私がダウン症を大きな問題として、彼らの前で取り扱ってはいない。それがどうした⁉　と飄々と構えているように意識して見せている。親の出方で子供達の解釈も大きく変化し凝り固まる可能性の怖さを知っているから。我が家が国際結婚のため、2カ国語が日々飛び交う環境で育っているという方が、日本ではまだ珍しく特殊なので、まりいにダウン症があることは、その特殊のアイスクリームの上にチェリーのデコレーションが載ったくらいのもので、大問題ではない。

彼らはまりいを通してたくさんのことを学んでいる。これからも学び、影響を受けるだろう。全ての子供達はそれぞれの運命を背負って生まれるべき場所に舞い降りて、そこで出会う家族、友人達の運命を織り込みながら美しいタペストリーを織っていく。まりいの美しい糸なくしては彼らの美しいタペストリーは完成しないのだろう。

## ステップ55 ダウン症のある人が天使だと言われる理由の考察

まりいが生後半年くらいだった頃、近所のトリソミー21育児の先輩ママとエレベーターに一緒に乗った時のことを覚えている。思い出すと笑ってしまうんだけど、その頃の思いは今もそのまま。

(ささやき声で) 私「あのさ～、まりいちゃんね、本当に半分天使だと思うねん！」。

先輩ママ「そうだよね～。ダウン症の子はみんな天使って言われるよね～」。

私「いや、その〝天使〟じゃなくて、真剣な話、ホンマモンの天使！」。

「………」。

目を合わす私達。小刻みにうなずき真剣で鋭い目線の私。2人で吹き出し大爆笑‼　詳しく説明しよう。

ステップ56

## ダウン症のある人が天使だと言われる理由の考察、続き

日本で天使と呼ばれるものは2種類ある。1つは2歳児くらいの体で背中に羽が生えていて、ぽっちゃりしていて、ローズ色のほっぺたで、時々弓矢なんて持って恋の矢を放ち、興味のなかった2人が急に恋に落ちるいたずらをしてみたりする、ほら、おしりプリンプリンの……そう、あの天使。ギリシャ神話の女神ビーナスの子供達のキューピッドだ。この子達を天使と日本では呼ぶけれど、正式名称はキューピッドだ。うちの子、天使なんです～♡ダウン症のある子供達は天使だね、の純真でかわいい者の比喩で使われる天使は、ほぼ全てこちらのキューピッドを指しているのではないかと思う。

まりいちゃんも確かにこのキューピットに似ているけれど、隙がなくいたずら好きなところもキューピッドと同じだけれども。母の私でもまりいを見て、あの前から来るのは動くキューピー人形ですか⁉と錯覚を起こす時もあるけれども（笑）。私がひそひそ声でエレベーターで話していた、まりいは半分天使だと思うの〝天使〟はこのキューピッドではなく、

もう1つの方の天使なのだ。

## ステップ57　ダウン症のある人が天使だと言われる理由の考察の答え

私が思うもう1つの方の天使とは、神様と人間の間で働いている天使ミカエルやガブリエルのような人間達を助ける天使達のことだ。普通はその存在は目には見えないのだけれど、まりいの中に半分、その天使が入っているのではないだろうかと私は真剣に疑っていた。そしてそうであるなら辻褄が合い、納得できる。

結論は、まりいが私の人生にやってきて生きる次元をぐっと上げてくれた。生きる次元とは、視野や価値観、人生観であったり、自分が今見えている物事。次元が上がると今まで見えなかったことが見えるようになり、聞き取れるようになり、味わえるようになる。同じ時代、同じ国、同じ町で、同じ言語を話していても、皆実はその人個人の次元により、見えているもの、理解している物事、考えていること、把握している現実は、驚くくらいに全く違うのだ。

まりいの登場と同時に、以前私が持っていたものは、エゴやプライドや欲なども含め全て吹き飛ばされ、一掃された。それはまるで天使ミカエルがドラゴンを剣で力強くやっつけたように。そしてまりぃの目線を通して見え始めた、幸せとは？　いかに生きたいか？　生きるとは？　人生とは？　物欲を超えた次元の満足感とは？　幸福とは？　そういうことが初めて見え始めたのだ。次元が向上したのを感じた。もし、まりぃが私の人生にやってきてくれなければ、もし、まりぃにダウン症がなければ、いまだなお、私はドラゴンを頭に乗せたまま気が付かずに生きていただろうと思うと、恐ろしくて想像すらしたくない。まりぃが私の人生に来てくれて、まりぃにダウン症があって、私にとっては良かったなあと思う。私の魂の次元を上げてくれ、人生に深みを与えてくれた。私という人間が、自分で言うのもなんだけれど、良い人間になった。

こんな体験はめったに誰にでもできるものではないし、神様を見たとか、マリア様が目の前に現れたとかいう聖霊的体験、覚醒に近いと思う。そんな体験を私に与えてくれたまりぃはやはり、半分神様の使いである天使であるに違いないと思う。そんな存在と共に人生を体験し感動できるなんて、私は何てラッキーなんだと思う。これは同じように選ばれしラッキーな人でないと、この感覚にパーフェクトな共感はできないかもしれないけれど。

ステップ58

# 他人がああだこうだ言ってくることは気にしちゃいけない

先日幼稚園で、まりいと同じクラスの男の子がやってきて、「まりいちゃんのママ！　○○ちゃんがまりいちゃんのことを赤ちゃんって呼んでたから、ぼくそんな呼び方はかわいそうじゃないか！　とその子に怒ったんだ」と話しかけられた。突然だったので驚いた私は咄嗟《とっさ》に「それはいいことしてくれたよ、ありがとう！　そんな注意ができた君はすごいな！　将来ビッグになるぞ」と言って笑った。

その瞬間はサラッと流れたのだが、その日の夜中3時に目がパッチリと覚めて、同じクラスの子から見たら、まりいちゃんは赤ちゃんに見えるんか……と天井を見ながら思った。自分でもそれは理解して乗り越えて、ダウン症それがどうしたレベルに達している今の私でも、まりいちゃんは赤ちゃんだな！　と素直な子供の意見は笑って平気な顔で一日が終わりかけていた頃に、実はグサッと自分が傷ついていたんだってことに気が付き、自分でも驚いた。

こういうことはこれからもあるだろうし、繊細な私はそのたびに夜中3時に目が覚めるのかもしれない。場数を踏むことで私のハートもタフになっていくのだと思う。それを私は知っている。言いたい人には言わせておこう。人はいろいろなことを言う。人間はコミュニケーションアニマルなので思ったことを言ってしまうのだ。こうしたらいいよ、こう思うとか、皆がそれぞれいろいろなことをもっともそうな顔をして言いたい放題言うけれど、そのたびに真に受けてはいけない。揺らいではいけない。流す。言いたいこと言ってるなー、スズメがチュンチュン鳴いてるなー、くらいに思う。金魚がプクプク口から泡出して元気そうに泳いでるな、くらいで対応する。

その人達は、まりいのことをよく知らないのだ。しかし、ああだこうだ言いたがる。何かを言いたいのだ。どうせすぐに通り過ぎていく人達だから気に留めて聞いてはいけない。真に受けてはいけない。言うことを100%聞いてはいけない。自分で調べて、自分で考えて、自分で感じて、自分で決めるのだ。他人の考えなんて、ただの雑音なのだから。

まりいが成長していることを私はよく知っている。家族はまりいが私達の話をよく理解していることを知っている。それでいいのだ。それだけが真の真実で大切なんだ。それ以上でもそれ以下でもない。こうやってあなたのコアが揺らがなければ、船は静かに悠々と前進する。強い風も味方にして。

ステップ59

# あなたの荷物を皆が手分けして少しずつ持ってくれていることに気付く

私はさまざまな人達に支えてもらっているなと感じる。違う言い方をすれば、まりいが生まれる以前はそんなふうに実感して生活なんてしていなかった。支えてもらっているということは、つまりどういうことだろう？　私は、誰かに支えてもらうということは荷物を少しずつ持ってもらうことに似ているなと思う。

まりいが生まれた頃、私の赤ちゃんにはダウン症があるということが、その当時の私にとって1人では持ちきれないほどの重荷であった。その荷物を私の家族が少しずつ持ってくれている。家族の明るさ、騒がしさにより、荷物は少し軽くなった。私の友人達が息抜きやお茶に誘ってくれたりして、いつも話を聞いてくれ、少しずつ持ってくれている。この友人達とのダラダラタイムなしでは育児に息が詰まっていたかもしれない。彼女達本人は知ってか知らでか、荷物重いやろ？　と手際良くスーパーの袋やエコバッグにでも入れて手分けして持ってくれている。近所の人達も、まりいちゃん大きくなったね！　かわいいわね！　と話しかけてくれ、その人は意識してはいないかもしれないけれど、荷物を持ってくれている。

私はたくさんの人達に荷物を少しずつ持ってもらえているので、実際のところ私自身、あの頃感じた重荷を全く感じないで生活している。持ってもらい過ぎて、私の手にはかわいい塊のまりいちゃんしか残っていない感じだ。

皆さんありがとう。これがいろいろな人達に支えられているということだろう。では私は誰かを支えているだろうか？　家族や友人達の荷物を持ってあげているだろうか？

あなたの周りにもあなたの荷物を持ってくれている人達がいる。そんなことを今日は意識して、考えて、あなたの周りの人達を見て。その人達はあなたの気付かぬうちにあなたの荷物を持ってくれていることに気が付くだろう。支えられていることに気が付き、じわ～とありがたさが染み出してくるよ。

ステップ60

## イッフィーストーリータイム

「全ては比較の問題なのよ」と人生の大半を海外で過ごして日本に帰国した友人が言った。日本では普通のことが海外で普通ではない。そんなことは山ほどある。普通とは曖昧な言葉だ。全ては確かに比較の問題だといえる。大半の人がそうすると、それを普通と呼び、いかにも正しい選択のように思え、安易にそちらを選んでしまうというのが、実際のところ。その選択が正しいとは限らない。比較して、大半の方が有利であり、生きやすく、少数の方が生きづらい。たとえ少数派の方が正しい選択をしていても。

私は子供達と「もし～だったら」という話をするのが好きで、イッフィーストーリータイムと呼んでいる。宇宙人の話、妖怪の話、地球の私達が知っている常識というインフォメーションを、もしそうじゃなくてこうだったら？　どうなんだろう？　と語り合う。話が盛り上がり過ぎてその話を一緒になって絵に描き出すこともある。子供達が寝静まったあと私はふとこんなイッフィーストーリーを思いついた。

もし、この世界の人間の大半がダウン症のある人だったら、どんな世界だろう？　政治家もビジネスマンも教師、警察、裁判官も皆だ。愛と笑いと思いやりに溢れた楽しい社会だと思う。その社会の中では少数派のダウン症でない私達はどんな生活をしているだろう？　その世界ではダウン症ではないことで障害を感じて生きているかもしれない。その社会では出生前診断はあるのだろうか？　出生前診断後、親は命の選択をその社会ではするのだろうか？　ダウン症の1本多い染色体は「愛」だと言われる。私達より愛が1本多いのだ。でも、もし彼らが、愛が1本多いのではなくて、私達はあるべき愛がもしも本当は1本足りなかったら？　隣人愛が1本欠けてしまっているのは、実は私達の方ではないだろうか？

ステップ61
# 言い残した3つの言葉

まりいのお姉ちゃんのりりいとスケートボードの帰り道、暗くなったので「ママこの道おばけ出そう」と怖がる娘。「亡くなった魂は3つの言葉を言いたくて家族に会いにお盆に帰ってくるんだよ、知ってた?」と言う私。「何を言いたいの?」と娘。「1つはね、あの頃のこと、ごめんなさいと謝りたくて。2つ目は、あの時素直に言えなかったありがとうを言いたくて。もう1つは何だと思う?」と私が聞くと、「どういたしまして！」と言う娘。「どういたしましてを言いそびれたんだ〜それは面白過ぎ」と大爆笑（笑）。

「3つ目はね、私のこと忘れないで」と私。「ふーんそうなんだ、愛してるかと思った」と娘。「愛してるも4つ目に付け加えたらいいね」と私。「でもさ、死んだ後じゃ遅いよね、生きているうちに、この3つをもっと相手にちゃんと言って伝えなきゃね」。そうだ、そうだ！と話が盛り上がる帰り道。「ママ、今日はスケボー付き合ってくれてありがとうね」と娘。私も「楽しかったよ、大人になってもママと遊んだこと忘れないでね」と言った。

もっともっと言っていこう。死んでからではやっぱり遅い。ごめんなさい。ありがとう。私のこと忘れないでね。愛しています。

生きている今、もっともっと、この４つの言葉をあなたも周りに伝えてね。

ステップ62
## 子供を謙遜しない。あなたは子供の凄腕秘書

「日本人の美徳なんだって。褒められたら否定しないと変なママと思われるんだって。否定しなかったら自慢してることになるんだって」と私のママ友が話していた。「えー！　私は、やらないよ、そんな面倒臭い、それに何より子供が聞いてたら傷つくやん」。

そう言っていた私も時と場合によっては子供達が褒められた時、咄嗟に謙遜してしまうことがある。よく考えてみると、子供が褒められたのであって、私が褒められたわけではないんだから、私がしゃしゃり出てそれは違うんです〜だめなんです〜と言うのは間違っているなと毎回反省する。

私と子供は違う人間なんだから。私が否定して感じ良いママと思われたと思うのは、ねじれた考えで、おかしい。そもそもそれで感じが良いママだと思われるかな？　と疑問である。

子供が誰かに褒められたら、その言葉を120%有り難く頂戴しよう！

慣れないうちで難しい場合は、自分が子供の凄腕秘書なんだと思えばいい！　たとえばあなたが凄腕秘書で、あなたの隣にいる社長（我が子）が誰かに褒められたとしよう。社長の前で凄腕秘書は「いやいや、本当はこの人だめなんですよ～自分勝手だしね、すぐ飽きるし、しょっちゅう仕事サボるしね。いやほんと、だめなんですよ～」なんて言うか？　と想像してみて（笑）。

言わないわ。凄腕秘書は凄腕だから言わない（笑）。「ありがとうございます！　私も社長（我が子）と一緒にいることで日々成長させてもらっています。感謝しかないです」と真っすぐに共感して喜ぶ。そう、あなたも凄腕ママとして対応しよう！

私は、こんな感じで返す。「そうなんですよ～。この子すごいですよね！」。「そうですよ、かわいいですよね！　私も羨ましい！」。「そう言ってもらえて元気が出ました。ありがとう！」。

そんな具合に答えたらいい。子供達が小さい頃はこれがなかなか難しかった。でも慣れてくると、できるようになってくる。褒めた方もこの子はだめなんですと否定されるより、ありがとうございます！　そんなふうに言ってもらえて嬉しいですと喜んでもらえた方が気持ちがいいのではないだろうか？　その会話を聞いている子供も、そのようにママが話している方が大人達に認められていると思い、何より喜ぶママを見て笑顔になるのではないだろうか？　褒められたらありがとうねと真っすぐに受け取り、子供と褒められたねと喜び合う。それでいいのよ。やってみてね。

## ステップ63 お手本を探す

「かいじゅうたちのいるところ」という絵本の作者、モーリス・センダックは絵が思うように描けない場合は、好きなアーティストがどうやって描いているか、真似をしたらいいと言っていた。

どう色を使うか、どう仕上げるか、どこで筆を引くか、どんな線で描いて、バランスをどう取るか？　真似をしているうちに自分のスタイルができてくる。私も素敵だなと思うママやパパがたくさんいる。そういう人を意識して見るようにしている。もしあなたが子供にダウン症があることを受け入れて、トンネルからも出てきたけれど、いまいち本調子ではないのであれば、こんなお母さん、こんなお父さん素敵やな、と思える人を探したらいい。その人が動画やインスタなど投稿していたら毎日見たらいい。意識的にあなたの生活の中に彼らのエネルギーを取り込むのだ。自然とあなたのインスピレーションになり、あなたの中が変わっていくだろう。

私の場合、障害のある子供と明るく、自然に、前向きに人生のエネルギーを勢いよく燃やしているママやパパが好きだ。迷った時、悩んだ時、そんなお手本ペアレンツを見ると、自分がどうありたいか、どこへ向かっていたか、立ち位置を確認できる。逆にモヤモヤ悩んでいる人、ネガティブな人を見たり、聞いたり、会ったりすることは、できる限り避けなければいけない。自分がどっしりしていない時期は特に。ピノキオが大きなクジラにひと飲みにされたように、ネガティブに喰われてしまう。その後また立て直すのに時間がかかるから近寄らない。

どんなエネルギーを入れたいか？　どんなママになりたいか？　どんな親が好きか、嫌いか？　考えてみて。そしてお手本を見つけたらその人を研究し、真似をしたらよい。そうしているうちに自然とあなたの一部になっていく。今日はそんなこと考えてみてね。

〈追伸〉モーリス・センダックは私の一番好きなアーティストであり、この人ほど子供を線で表現するのが上手い人はいないと思う。技術が高い人はたくさんいるが、子供のイノセントな部分、繊細で壊れやすい感じ、全て一本の線から滲み出せる人はなかなかいない。彼が子供時代で自分の心が止まっていると話していたけれど、そのせいかもしれない。ことあるごとに彼のインタビューのDVDを見ると落ち着くし、やる気が出る。絵に迷った時も、彼の本を山積みにして一つずつ読んでいくと迷いがなくなる。なぜかわからないけれど、私のインスピレーションなんだろうね。

## ステップ64 意識的にいろいろなカテゴリーの友人と話す

私にはさまざまな友人がいる。友人を作ろうと意気込んでできたのではなく、自然と運命や子供達が引き寄せてきて、私のライフタペストリーに織り込まれたという感じだ。20代からの友人は今はもう40代だ。「さまよえる小羊」とお互いを呼び合い、人生や世の中に圧倒され、さまよいながら励まし合い、共に尾崎豊を熱唱したりする（笑）。アメリカ時代を共にした日本人の友人、カルチャーショックを共に受けながら、国際結婚し、異国の地で切磋琢磨した日々を共にしたもはや戦友だ！　海外のさまざまな国に住んでいる友人達。ニュースでは報道されない現地の状況を聞ける。やはり住んでいる世界が違うだけに、くれるアドバイスもいつも想定外だ！

40歳以上年上の友人は後期高齢者という言葉が全くフィットしない。年をとるとは、幸せとは、生きるとはについて考えさせられる。長男の公立小時代の同級生ママ友とは時々キャッチアップのお茶タイム。長男が不登校の時に同じように不登校だった子のママ友。同じ体験をしたママ友だからわかり合えることがある。私学小のママ友。地域の人気のレストランでオーバープライスのファンシーなランチ。はじめの頃はセレブなファッションと雰囲気に圧倒されたけれど、最近は皆結局、育児に奮闘する同じママなんだと思う。

ダウン症の子がいるママ友。まりいが産まれたての頃は、地域のダウン症の会の集まりに行っていたが今は行っていない。でも一人二人、時々話すママ友はいる。ハーフの子がいる国際結婚のママ友。ハーフの子育てだけで分厚い本が書けるだろうと思えるほど、バイリンガル教育、人種や文化問題、アイデンティティー問題など、山ほど話すことがある。ダウン症ではない障害の子育てをしているママ友。意外なことに話しやすい。外国人のママ友。料理を作り合っておもてなしをし合うのはとても楽しい。日本の生活で私に何か手伝えることがあればと思う。

シングルの友人。私からすると、自由な時間とお金に満ち溢れたユートピアに見える（笑）。既婚で子供のいない友人。子供がいない友人にこそ子育てや進学の相談をすべきだ。広い視野で冷静な意見が聞けるだろう。

たとえば私があることを、今挙げた一人ひとりにインタビューをするように相談するとして、本当に十人十色の意見が返ってくる。へー！　そういう考え方があるのかと、話を聞いていて発見がある。本人は意識なく、何気なく言った言葉も、私にとっては目からウロコの一言であったりする。たくさんの目があちらこちらにあるように、多面的に一つのことを考えられるというのは、それは素晴らしいことだけれど、一人でやろうとすると相当のバラエティーに富んだ経験量が必要で不可能だ。

多様なライフスタイルの人達と話すことで、たくさんの視点で考えられるようになる。一人で考え過ぎてしまったり、同じカテゴリーの人達としか話していないと、その輪の人達の価値観やグループが良しとするものに同調し過ぎてしまうから危険だなと思う。

いろいろなライフスタイルの友達とバランスよく会い、正直に心を開いて会話をしよう。そうしていると、もう普通って何なのか？　わからなくなる。普通ってただの大半の人達の妄想なんだと気付くことができる。視座をあちらこちらに変えて、多様な友人と話すということは、大半の曖昧な価値観の洪水に流されそうになった時、さっと手を伸ばされて救出される、そんな感じだ。救出された岸でこう思うのだ。さて、私の腹の底はどう思ってるんだ？と。そうすると、周りからの目を気にしない正直な自分の気持ちと向き合える。

だからあなたには、これから意識して、いろいろな人と交流して、できる限り正直な琴線に触れるようないい会話をしてほしい。そうしていると通り過ぎる人もいるが、残る人は良い友人になり残る。一つの輪にばかり依存するのは危険であることを忘れないで。距離をおいてその輪を眺める余裕を持とう。あなたがあなたであるために。

## ステップ65 あなたの子供は魔法が使えるということに気付く

「まりいちゃんを見るだけで笑顔になるわ〜」とよく言われる。人を自然と笑顔にできる人、この世界にそんなにいるだろうか？　いないと思うよ。その証拠に私生きてきて「あなたを見てると笑顔になるわ！」なんて言われたことは一度もない（笑）。まりいちゃんが人を笑顔にする、その瞬間を日々目撃する。逆に笑顔にならない人の方がかなり珍しく、まりいちゃんと目が合ってるのに笑顔にならないこの人は、かなり精神的に病んでいるのではないかと心配になる（笑）。

前から怒ったようなおじいさんが歩いてきて、まりいちゃんが「おはよう！」と言った瞬間におじいさんが笑顔になり「おはよう！　幼稚園か？　いってらっしゃーい」と言われる。ハイヒールを鳴らしながらすましして歩くお姉さんにまりいちゃんが「ハロー！」と言うと、お姉さんはニッコリして中腰で両手でバイバイをしてくれた。見ていると、閉じていた花達がまりいちゃんが魔法の杖をくるりと回すたびに開いていく感覚だ。こんなに人を瞬間的に笑顔に変えられるってすごいと思う。私がおはよう！　と言って笑ってもおじいさんはあんな笑顔にならないからね。お姉さんは私には両手バイバイしてくれないからね。

まりいちゃんはすごい。魔法使いだ。あなたの子供もそう。いつも皆に愛の魔法をかけている。

ステップ66
## あなたはどんなママになりたいと願う？

私は、東大寺みたいなママになりたい。

はぁ？　とこれを読んであなたはそう思っているだろう（笑）。文字変換の間違いか？　日本語を間違えているのか？　と読み返してみたかもしれない。これが日本語のテストなら先生に×をもらっているところだが、間違っていない。私は、東大寺みたいなママにどうやったらなれるかな？　とよく考えている（笑）。

それは数年前にさかのぼる。まりいちゃんがまだ赤ちゃんだった頃、龍太郎くんのママ（@

ryutarocompany）と話していた時に、私が「まりいちゃんが神様みたいに感じるんです」とに何気なく話した。すると龍太郎ママが「まりいちゃんが神様か。じゃあ、まりいちゃんが奈良の大仏さんやとして、瑞穂さん（私）は東大寺にならなあかんね！」と言った。

「まず奈良の東大寺に行ったらさ、その立派な建物の大きさと美しさに息を飲むやん、そしてその中に入っていくと立派な大仏さんが座っている。それがまりいちゃんやん。だから瑞穂さんは東大寺にならなあかんね」と言われ、びっくりしてしまった。と同時に私は、なるほど、そうかそうか、将来立派な東大寺みたいなママになりたいなと思い、それが私の新しい目標になった。

　でっかくて、堂々として美しい。その中に心配しないでいいよという手のポーズをしたまりいちゃんが座っている。東大寺のゲートキーパーの阿吽《あうん》の像は始まりと終わりのサイクルを表現しているという。いろいろな経験を何回も何回も、挑戦が始まり、終わる。種が発芽し、それを収穫する。希望を持ち、それが叶う。何回転も私達はサイクルを経験しながら、成長していく。そしてその奥に東大寺のお堂がある。それが未来の私とまりいちゃんだ。「ママ、東大寺になりたいねん！」と息子に説明しても「何言ってるのママ？」と理解してもらえないかもしれないけど、私は、すっごいよなぁ！　そうなれたら素敵だなとワクワクする（笑）。

　さあ、あなたはどんなママになりたいと思う？　ワクワクする未来のあなたはどんな感じだろう？

## ステップ67 大人だから、母親だからと、しっかりしようとしなくていい

肩の力を抜いて考えてみてほしい。大人って何だ？　子供より生きている時間の長い、経験の数が多い人間だ。それを18年生きた区切りに「子供」から「大人」という呼び名に変わる。子供が生まれると、「親」とまた呼び名が変わる。大人だから慎まないと、わきまえないと、って、角が立たないように無理をしていないだろうか？　本心を飲み込んで作り笑いで、自分の本当の気持ちをないがしろにしていないだろうか？　母親だからこうであらねばと肩に力が入り過ぎていないだろうか？　その呼び名の重さにうんざりしていないだろうか？

そんな時は、大人や母親の仮面を外して、自分は自分の子供に比べて人生の時間と経験が長いだけの子供であると、リセットしてとらえてみてはどうだろう？　そうすると、等身大で子供達と話せるし、自分の子供時代の失敗談なんかを子供達に話して笑い合える。あなたも子供だった自分を思い出し、子供の気持ちに共感できるようになる。何より気分が軽くなるだろう。今日は、あなたは大人げない「先輩子供」でいい。生きている時間の長い子供、

経験の数が多い子供。

さあ、そうであるなら今日はどんな話をあなたの子供達とするだろう？　話す話の内容も変わってくるだろう！　やってみてね。

## ステップ68　いい感じの芝生を見つけたら、思い切って寝転がってみる！

１９９０年代初頭に大ヒットした映画「プリティ・ウーマン」の中で、ヒロインを演じるジュリア・ロバーツが、公園の芝生の上で相手役を演じるリチャード・ギアの靴と靴下を脱がせ、芝生の上を２人して裸足で歩くシーンがある。ストレスを抱え、感情的に高ぶっていたリチャード・ギアが、なぜかだんだんと心が落ち着いていくシーン。

グランディング。感情が高まり過ぎたら、裸足になって大地と直接コネクトすることで、電気のアースコードのようにあり余った感情のエネルギーを大地に吸い取ってもらえる効果がある。自信や自分らしさも蘇ってくる。靴の底にはゴムがあるので、靴を履いたまま大地とつながりグランディングすることはできないので、靴を脱ぐか、もしくはそのまま大地の上に豪快に寝転がるかだ（笑）。数分大地とコネクトしているだけでも体が軽くなり頭がスッキリする。感情のデトックス効果を体感できる。

感情の振り子が速まり何だかわからないけれど悲しみが込み上げてきたり、一人で考え過ぎて混乱している時、誰かに嫌なことを言われた時、少し大きな公園にでも出かけてグランディングしてみてね。

## ステップ69 あなたの気分が上がるアミュレット（お守り）をゲットせよ！

「ママ！　どうしても欲しいものを見つけた！　100円ちょうだい！」とりりいちゃんが真剣な顔をして言うので、100円をあげた。買ってきたのは目がびょよ～んとなるメガネ（笑）。早速店の前でメガネをかけ合ってお腹を抱えてずっと笑い合うりりい&まりい。子供達と出かけると理由のわからない物を買わされる。大人からは理由のわからない物に見えても、子供達にとってはこりゃすごいね！　素敵だなぁ！　と思えるお宝なのかもしれない。

大人が大切にしているものも子供から見ると理解不能な魅力のかけらもないものに感じるのかもしれないし、両者それであなたが今日ハッピーになれるなら、それが何であれ素敵なもの見つけられてよかったね！　それでいいのだ。大人の私達も元気がいまいち出ないときには、目玉がびょよ~んメガネのような、元気になれる、気分が上がるアイテムをゲットしなければいけない。私も何点かアミュレット（お守り）的なアイテムを持っていて、それを身につけて気持ちを上げている。

1つ目のお守りはシャネルの口紅。なぜ私がシャネルの口紅なのか？　答えは簡単。この口紅の色の名前がまりいmarieだから！　ある日雑誌を見ていたらパリジェンヌの記事があり読んでいると「口紅はずっとシャネルのマリーを使ってるわ」と書いてあり、びっくりした私はその雑誌を放り投げて、まだまりいが赤ちゃんだった頃に急いで百貨店に買いに行った。シャネルに入るなり「marieの口紅ください！　3番目の子供の名前がまりいなんです！しかも同じスペルだったから、買いに来ました！」と思い切り挙動不審な客の私。店員さんに「お色確認されますか?」と聞かれ、「いや、いいです。どんな色でもいいんです」と言って「あ！　そうだ！　エイデンやりりいっていう口紅もあります？　口紅じゃなくてもいいんですが、香水でもクリームでもファンデーションでも何色でも、名前がそれならもう何でもいいんだけど」と言って、エイデン、りりいはないですと断られ、輪をかけて変なことを言う客になり、口紅を買って帰ったのを覚えている（笑）。どんな化粧品の買い方するねんと店員さんは思っただろうな。マリーの口紅は使ってみると普通の使いやすい色で毎日使っている。

他のアミュレットはイタリアのカプリ島で作られている、島に生息しているお花から作られたcarthusia（カルトゥージア）の香水とイタリアMURANO（ムラーノ）島で手作りされているガラスのアクセサリー。絵の具パレットをひっくり返したような鮮やかな色に惹かれる。

この3点を身につけているととりあえず前向きに機嫌よくいられる。なぜかわからないけれど、なぜイタリアの物が心地よいのか？　ひょっとしたら前世がイタリア人だったからかな？　その前世パワーから今の自分をブーストアップできるのかもしれない。理由なんてどうでもいい。元気になれば何でも。あなたにもアミュレットはある？　それはどんな物だろう？　ぜひそれを毎日身につけてみて。

## ステップ70 断捨離、断捨る、そんな関係は断捨れば!?

急に朝夕寒くなってきたので、衣替えをしながらサイズアウトした子供服や自分の服など断捨離をしている。断捨離にハマっている友人曰く、「使わないものを置いていると、その分をどこに置いていると脳が記憶しておかないといけないので、モノが多いとそれだけで脳の容量がいっぱいになり、新しいことを考えられなくなる。モノを手放すと、そのモノについて使っていた容量が空くため、脳を新しい前向きなことに使えるんだよ」。

なるほど、である。子供が3人いると服の量だけでもリサイクルショップを明日にでもオープン出来るほどあり、これらをだいたいどこにしまってあるか記憶してる私の脳は、グーグルクラウドに毎月お金を払ってスペースを確保したほうがいいと思えるほど容量オーバーしているだろう（笑）。そんなことを考えながら断捨離をしながら、この前会ったダウン症のある7カ月の赤ちゃんを連れたお母さんの言葉を考えていた。

「この子にダウン症があることを話していない友達もいるんです」。だからそういう友達がどう思うかを察して、ダウン症のある子供のインスタフォローをしたいのだけれどできないんだそうだ。私はこれについてさっぱり理解出来ない。「え！　そんな友達いる意味あるん？」が正直な感想だ。自分のありのままのお互いの人生を語り合えない関係の人間を〝友達〟と呼ぶこと。友達カテゴリーとはなんぞや？　について、これをいい機会にまずはじっくり考え直してみてはどうだろうと思うのは私だけだろうか？

友達カテゴリーとただの知り合いカテゴリーに分けて、対応のウェイトを変えるとか、あれもこれも全部友達とすると誰が本当に大切なのかがわからなくなってしまうのではないか？　なんて私は思う。断捨離の私のイメージはどんどんと古い殻を脱ぎ捨てていくビジョンが目に浮かぶ。それは進化でありメタモーフェシス（変態）、青虫がちょうちょうに姿を変える、空を舞うような変身だ。循環していないものは手放して、新しくてしっくりくる形にあなたを構築して常に変化し続けるのだ。

あなたも今までの古い殻を脱いで身軽になって、新しい出会いが入れるスペースを作ろう。

ステップ71

## 久々の再会　イニシエーション for you

さて、あなたの赤ちゃんにダウン症があることをまだ話せていない友人がいるだろうか？

6カ月から1年を過ぎたら、もうそろそろ久しぶりの再会、キャッチアップミーティングをセッティングしてみてはどうだろう？　無論それはあなたがこれからもつながっていたいなと思う友人とで、別にいいかなと思える関係ならそのままフェードアウトでも構わない。その再会はあなたと相手、２人の関係にとってイニシエーション（通過儀礼）のような、一つステージが上がるような大切な体験になるだろう。

今朝、朝ごはんを食べながらりりいちゃんがこんなことを言っていた。先に言っておくがりりいちゃんは小学2年生である。「私ボーイフレンドができたら、まずは、まりいに会わせるわね」。「なんで？」とふんふんと話を聞く私。「だっていい人かどうか、すぐわかるじゃない」とりりい。なるほど、イニシエーション的儀式で未来のボーイフレンドは試されるのである（笑）。コーヒーを飲みながら、子供って自然といろいろなことを考えているんだなと感心していると、「まあ、1回、2回、3回は結婚しようかな？　4回目でまあ、諦めるわね」とりりい。私は口の中のコーヒーを漫画のように吹き出してコーヒーまみれになってしまった。突然のコーヒー噴射にびっくりして飛び上がり駆け回る猫！（大笑）

もう飛び級して来年にでも成人式に参加してもいいのではないかと思えるほど、大人びた発言を突然するりりいちゃん。参考までに何をどう諦めるのか、次回じっくり聞いてみたいものだ（笑）。

さて、ぜひ久しぶりの良き再会をしてみて。それにより、あなたは少し軽くなり、また一つ強くなり、フレンドシップは深まり、優しい光に包まれる。目には見えないけれど、あなたは感じられるはず。天からふんわりリボンとお花でできた美しい花冠が降りてきて、あなたの頭上に捧げられる。あなたの上と、あなたのお友達の上にも。イニシエーションを通過した証しのフラワー&リボン。

ステップ72

# 祈る

「毎日の祈りの中に、あなた達家族が健康で幸せでありますように、も入っているのよ？　毎日あなた達のこと祈ってるんだから」と久しぶりにテレビ電話で話した、アメリカに住んでいる夫のお姉さんが言っていた。遠い異国から毎日私達の幸せを祈っていただいていたとは、驚いてしまった。何年前からだろうか？　何だか意識するとくすぐったい感じがする。お寺や神社に行くたびに「エイデンくんの頭が良くなりますように。りりいちゃんやまりいちゃんの健やかな成長を祈ってあげてるんだから」と79歳の私の母。

子供がいくつになっても母は母であり、子供達、孫達の幸せをいつも心配し　気遣い続けている。おそらく母の母も子供の幸せを祈り、その上の、そのまた上のご先祖様達も皆、子供達の健康と幸せを祈っていたと考えると不思議である。大きな祈りのシャボン玉のような中で守られているような感覚がする。

さて、あなたは日々祈っているだろうか。あなたの大切な家族や友人の健康や幸せを。義理の姉のように信仰心のあついキリスト教徒でなければ、毎日の祈りを捧げないかもしれない。私の母のようにお寺や神社を訪れないと祈ろうとは思わないかもしれない。ぜひこのステップから祈るということを生活の一部に取り込んでほしい。やってみるととても気持ちの良いものであることに気が付くだろう。私は結構日常の中で子供達のために祈るというシーンがあり、自然と習慣に取り込めている。その方法をお教えしよう。

〈余談〉先週の幼稚園の運動会でソーラン節を機嫌よく踊るまりいちゃん。数分後突然、はっぴとはちまきをポイポーイと脱ぎ捨てながらものすごい勢いで逃走を図る。私も夫もそれを見て大笑い！　もうちょっと足が速ければ逃げ切れた！　惜しかったまりいちゃん（笑）。また元の場所に連れ戻され♪ソーラン、ソーランの踊りに戻るまりいちゃん。最後の笑顔でヤァ！　のポーズなんてとってもキマっていてカッコよかった。でも、なんで途中で逃げよかな⁉　ってひらめいたんだろう。そしてひらめいたが最後、満面に笑みを浮かべ突然全速力で逃げてみる。そんなまりいちゃん、ママもパパも大ファンです（笑）♡

ステップ73
## 祈り方

「祈り」と「願い」は似ているようで違う。祈りは人間よりも大きなパワーである神聖な力を信じ、コネクトして、動いてもらえないかお伺いを立てるという感じだ。願いは花火を打ち上げるような感じで、脳の無意識の領域を使いつつ大きな船の舵を取り、現実という船をゆっくり動かしていく感覚だ。信仰している神様がいたらその神様を通して交信するといいのだけれど、そうでない場合はその土地の精霊たちにコネクトしてもいいが、一番あなたがイメージしやすく簡単なのは、あなたのご先祖様達に祈るといい。

私が死んだとして、たとえばあなたが死んだとして、子供達はどうしてるだろう？　とか、家族はちゃんとした物を食べているかな？　とか、良い生き方をしているかな？　とか、年取ったなぁ～とちょくちょく見に来ると思う。私ならヘリコプターペアレントと呼ばれようともしょっちゅう見に行く（笑）。子供や孫が困っていたら頼まれてもいないのに何とかしようとしてしまうだろうし、頼まれたらもう、はりきって守ってあげる（笑）。

そう考えると、私達の周りには、目には見えないけれどたくさんの魂がいて、に支えられているのではないだろうか？　四方八方囲まれて出口がない状況の時、突然壁であったところにドアが現れ、手を差し伸べて引っ張り出してくれる人が現れ、導かれたり……。人生を振り返ってみるとそう思える完璧なタイミングが何度もあった。連れてきてくださっているのではないかと私は思う。

私が祈るのは、子供達の髪の毛を編む時（祈りを編み込む）、弁当を詰める時、いってらっしゃいのハグをする時、バイバイと手を振る後ろ姿に。祈りを生活のシーンの中に織り込む感覚だ。ご先祖様達、いつも見守っていてくださり、ありがとうございます（まずはお礼を言わなければいけない）。まりいちゃんの今日一日が安全でたくさんの笑いと愛を感じる楽しい一日になりますようお見守りください。そして「今日は楽しい日になるぞ！　ギャハハと笑っちゃうことがたくさんある日になるわ！」と子供の肩や頭の上に手を置いて、知らせる。「いってらっしゃい」と見送る。

祈ったあなたも、祈られた方もスッキリとした気持ちになるだろう。やってみてね。

ステップ74

## 私はこう思う！　とサラッと言えるようになろう（本題の前の脱線話）

夫が昔、英会話を教えていた生徒の方のお家に3年ぶりに遊びに行った。こう文章に書いて初めて気が付いたが、夫が教えていた生徒の方のお家に、夫抜きで私だけランチとおしゃべりしに遊びに行くというのもおかしな話で、夫と2人で会いに行くべきだったのではなかったのか？　今気付いても仕方がない話だけど（笑）。

彼女が入れてくれる紅茶は、まるで特別な儀式のよう。カップを温めて丁寧に入れられた紅茶が、不老不死になれる魔法でもかけられたマジカルポーションのように私の前に静かに置かれる。40歳年齢が私より上の友人が、「お茶の入れ方で、その人がどこから来たのか、そしてこれからどこへ行くのか、だいたいわかるものなのよ」と話していたのを思い出す。彼女の紅茶の入れ方を見ると、私はどんなに取り繕ってもだめだ。一生かけても彼女のようにはお茶を入れられないなと思う。

英国のアフタヌーンティーの本をお風呂にも持ち込んで本がヨレヨレになるまで愛読したが、自分に防水加工がされているのか？　と思うほど大して身についてはいない。お茶の入れ方を本で学ぼうとする時点で間違っていたのかもしれない。確かに道を歩いてきたからこそ身につく所作、振る舞いなんだろうと思う。

そうであるなら、放課後に美術室で先生から「お前、温かい紅茶でも飲むか？」と言われ、「飲む、飲む」と答え、入れられるあの紅茶の入れ方。誰かからのお土産の、欠けたら鉛筆立てとして第二の人生プランも約束されている、そう、あの巨大マグカップにティーバッグがドボンと入ったまま手渡される紅茶。持ち手を先生が持っているものだから、手渡される方は「あつ、あつっ！」と言いながら受け取るあの紅茶。話しているうちにどんどんお茶が濃くなっていく。「先生、もうちょっとお湯足してくれへん？」のあの紅茶だ。あの紅茶が、やはり私には自然体で偽りなくしっくりくる。あらがうのは、もうやめにしようぜ！　と思えてくる（笑）。それが私が歩いてきた道なんだろう。

でも、私が紅茶の茶葉ならば、確実に彼女のお家の紅茶になりたい。あなたも紅茶の茶葉なら私と同じようにそう思うだろう。……あれ、何の話をしようとしてたんだっけ。話が脱線して車体が丘に乗り上げてしまった気持ち。丘で草を食べていたヤギが驚いてこっちに向かってべぇー！　めぇー！　と鳴いている（笑）。

本題前にかなり脱線してしまった。そう！　紅茶の入れ方が素敵な彼女のお家に話を戻そう。紅茶が私の前に静かに運ばれる。「遠慮なく召し上がってね」と言う彼女と初めて出会ったのは12年前のこと。「やっと子育てに一段落ついたから自分の好きなことができる時間ができたので、大学時代専攻していた英語の勉強を再開したい」と話されていたあの日が始まりだ。３人の男の子達がそれぞれ巣立ったり、進学した彼女にとって、新しいチャプターが始まったタイミングの出会いだった。

今は彼女が先生になり、子供達に英語を教えている。夫に英会話を習っていた頃に子供英語教室をするかしないかの相談をして、夫が言ったWhy not?（やらない理由ある？）という言葉が強く背中を押したのだそうだ。家に帰って言った本人に聞いてみたら全く覚えていなかった（ことに誰かの口を使って、大切なメッセージはその必要な人に伝えられることがある。言った本人には覚えがないけれど）。

彼女は私より10歳以上、いや20歳ほど年上かな？　あまり細かく詮索すると「瑞穂さん、女性に歳を聞くのは失礼というものよ」なんて声が聞こえてきそうだから、まあ、大体それくらい年上だというところでやめておこう(笑)。私は彼女と話すのが大好きだ。なぜ好きか？私が話していて、それは違うんじゃないかしら？　ということには自分の意見を瞬時にバシッと言ってくれるから。自分の意見に筋が通っている。日本のお坊さんが修行中に喝を入れられる感覚に似ている。だから、私は彼女と会話していると言葉の端々で無意識に使った言葉に立ち止まらされ、その言い方はどうかしら？　私は好きじゃないわ。なぜならね……と説明してくれる。そこで初めて私は安易にその言葉を使っていたけれど、あんな言い方したけれど、それっておかしいなと考えて気付くことができる。

たとえば真ん中の息子さんが昨年結婚されたという話になり、2人とも夜勤のある忙しい仕事だということで、でも、お嫁さんにはずっと仕事を続けてほしいと話されたので「じゃあお孫さんができたら、おばあちゃんが、子守をしてあげないといけませんね」と私が言った。すると、彼女は「瑞穂さん、もうそんな人生すごろくをするのはやめませんか？　大学へ進学、就職、結婚したら次は子供、そんなのに囚われる時代じゃない。私はね、2人に自由に生きてほしいのよ」とピシャリ。全くその通りだと、そう言われて初めて目が覚める。私が発達障害という言葉を使った時も「瑞穂さん、私はその言葉は大嫌いなのよ。ギフテッドと言ってくださらないかしら」と私に話を一時停止させ、今の無意識に言った言葉はあなた自身も好きな言葉かしら？　実はそうではないんじゃないかしら？　と、いつも私に気付きを与えてくれる。

考えてみると、私達は流行語、スラングも含め大量の言葉の雑音の中で生活している。そして一般的会話の受け答えマニュアルみたいなものを無意識に、オウムが言葉をコピーして言うように、実は不本意な言葉も、意識なく使ってしまっていることに気付かされる。自分では結構気を使って話しているつもりなのだけれど、まだまだなんだと痛感し、ありがとうございます、師匠！　と感謝し、家に帰る。

私も彼女のように、使う言葉を自分が好きか嫌いか意識して選び、選んだ理由を嫌味なく相手に語れる人になりたいと思う。あなたはどうだろう？　あなたの使っている言葉について、好きなのか、実は嫌いなのかということを考えたことがある？　本当はそういう考え方は嫌いなはずなのに使っている、マニュアル的言い回しで会話を受け答えしていないだろうか？　無意識に言った言葉で誰かを深く傷つけてしまっているかもしれない。そんな言葉を自分が使うたび、実は自分自身も傷つけているかもしれない。

私には、ダウン症コミュニティーでよく使われる言葉の中で1つ、嫌いな言葉があり、それを私は使ったことはない。その言葉を耳にするだけで落ち込むし、いい年をして少女みたいな言い方をするけれど、傷つく。その言葉を使う療育園には確実に、通いたくないないなと思うし、その言葉を使うママ友にお茶に誘われても上手く断って、家で一人、すでに何度も見た映画でも見るだろう。そんな、私を一瞬で、人間関係のスイッチをオフにしてしまう言葉。どんな言葉だと思う？　おそらく皆、流行語やオウム返しのように悪気なく無意識に使っているだけなんだけれど、その言葉を使う人を今まで聞き流してきたけれど、それを私はスルーせず、相手に伝えなくてはいけない。自分のために、まりいのために、自分では言い返せないダウン症のある人達のために。

彼女のように、その言葉を私は好きではないんです、やめてくださらない？　と発言し続けなければいけない。

ステップ75

## あなたの嫌いな言葉

また話が脱線してしまっては嫌なので、単刀直入に言おう。私の嫌いな言葉は、「ダウンちゃん」。

では、このダウンちゃんという言葉を机の真ん中に置いて、私はこの言葉をデッサンスケッチでもするようにじっくりと観察してあなたと一緒に考えてみたい。

ダウンちゃん。ダウンちゃんはかわいいのよね。ダウンちゃんの顔が好き。ダウンちゃんママ。ダウンちゃんあるあるだね。ダウン症のある子を育てる親、療育関係、保育士、医療従事者、ダウン症コミュニティー内で、ダウン症のある人と関わる人達が業界用語のように親しみを込めた言い方なんだと、悪気なくよく使っている言葉、ダウンちゃん。ダウンちゃん達、ダウンちゃんは、ダウンちゃんだから……。逆に考えてみるとダウン症のコミュニティー外の人は使わないんじゃないかな？　ダウン症のある本人も使わないのでは？　本人が使っていたら、私はもっと悲しくなる。スラングのような言葉。

別の似たものでは、自閉ちゃん、発達っ子、アスペ、コミュ障、ゆっくりさん。あなたはこの言葉使っている？　この言葉好き？　使っていて気持ちいい？　私はどれも好きではない。どれも使っていないし、これからも使わない言葉。ダウンちゃんという言い方をするとこの分野の知識や経験があるように聞こえ、そのコミュニティーに精通しているような感じがするから使うのかな？　私はなぜこの言葉を日本人は軽く使うのかわからない。私はこの言葉は差別用語だと思う。第一印象、見下した言葉だなと思うし、その言葉を聞いたり読んだりすると私は不快に感じる。あなたはどうだろう？　いや、ダウンちゃんは親近感を込めた呼び方なのよとあなたがもし思うなら、他の先天的症状や病名にも「ちゃん」をつけて呼んでみたらいいじゃない？　脳腫瘍ちゃん、癌ちゃん、麻痺ちゃん、認知ちゃん。相手やその家族を実はバカにしていると相手に誤解されてもおかしくない呼び方であることにお気付きいただけただろうか？

ダウン症のある子の親達がこの言葉のナンセンスに早く気が付き、この言葉にＮＯと言えば、好きではないと言えば、この言葉を使わなくなれば、このスラングはあっけないほどすぐに消えるだろう。しかし多くの人達が悪気なく、意識なく、何気なく、笑いながら、関心なく使い続ければずっと残ってしまうだろう。それはあなたのダウン症のある子の将来にとって良いことだと思うだろうか？　私はいつも、コミュニティーの団結の言葉であるかのように「ダウンちゃん」と口にし合う親のグループを見た時、言っている本人の心は、言われているダウン症のある人は傷つかないのだろうか？　何にも感じないのか？　おかしいと思わないのか？　不思議でならない。平気な顔をしているだけで毎回その言葉が飛び交うたび、実はあなたのハートに左右擦り傷が、行ったり来たり増えてしまっているんじゃないだろうか？

まりいはダウン症という症状を持って生まれてきたけれど、ダウンちゃんではない。症状がちゃんを付けて道を歩いているのではない。ダウン症がまりいではない。まりいという名前があり、私達親が込めた想いや意味があり、ダウンさんが見つけた21番目の染色体が３本ある先天的症状で生まれてきただけで、あなたと同じ人間だ。まして親であるあなた自身が自分の大切な子をダウンちゃんと呼んで差別してはいけない。ダウン症のある子の親、教育者、医療従事者がダウンちゃんという言葉を使うことで、使われる相手、使っている自分のレベルを下げていることに気が付かないといけない。傷つく人がたくさんいることに気付いてほしい。

この呼び方はダウン症理解につながるか？　これからの子供達の未来、あなたの子がより生きやすいインクルーシブな社会に見合う言葉かどうか？　自分が日々使う言葉について今一度立ち止まり、意識して、おかしくないか？　好きか嫌いか？　ネガティブかポジティブか？　と、じっくり考えてみてほしい。あなたが好きではないのに使っている言葉はある？　あったらそれを使うのはもう終わりにしようよ。

ステップ76

## 旅に出る前に

このステップは少し時間をかけて体感して身につけてほしいし、これから上る最後のステップ、ヒーローズ・ジャーニーに出る前にマスターしておかないといけない重要な技だ

（え！　旅に出るなんて聞いてないけど！　なんて声が聞こえそう。言うのを忘れていたけれど、次のステップで旅の説明会と荷造りをして、私達は最後の旅へと出かけます）。

さて本題。全ての生きているものには波動がある。私達人間は小さい細胞が集まってできていて、それは常に忠実な社員のように動いており、動いているからあなたは生きていて、あなたはエネルギーを常に放っている。ほら、窓の外に、歩いているおじいちゃんが見えるでしょう？　あのおじいちゃんを緑色の服を着た90歳近いおじいちゃんだと見るか、少しグレーにくすんでいる感じのする、何か悲しいことがあったエネルギーの塊と見るかの違いだ。

たとえば犬や猫や赤ちゃんや子供の波動は、大人の私達よりもずっと高いといわれている。あなたも感じたことがあるだろう。あなたの飼っている犬や猫をあなたの心臓の近くで抱いてなでていると、心がスーッと真っ白に変わるような感じ。悩んでいたことがもうどうでもいいやというように消えていく感覚。赤ちゃんや小さい子供を連れた人が家に遊びに来たら、家の中が生き返ったようにパッと電気がついたように明るくなった感じ。レジ待ちで、前に並んでいる女性の抱っこ紐に抱かれている赤ちゃんと目が合うと、吸いつけられるように、あなたは見つめて自然と笑顔になってしまうことはなかっただろうか？　それは高いエネルギーにあなたのエネルギーが癒されて起こる反応だ。

あなたも私もエネルギーの塊でできている。あなたの家族も、職場の同僚も、幼稚園のママ友も、お客さんも皆エネルギーの塊でできており、それぞれの波動を出して生活している。あなたはそんなことを人と会っているときに考えたことある？　感じてみようとしたことはある？　ふんふんと相手の話を聞いているふりをしながら、感じようとしてみてごらん。あなたも何か感じ始めるはず。

エネルギーにはその人の、価値観、思想、欲、怒りや悲しみの思い癖が表れる。顔は笑っていてもエネルギーは濁っている。そんな人はとても多い。その人がどんな人達の輪の中で（エネルギーの中で）、毎日生活しているかも影響を受ける。常に自分の出しているエネルギーに敏感になり、耳を澄まして、常にメンテナンスしながら調整しておかないと、濁ったり、弱まったりしてしまう。悪化するとスカベンジャー（動物の死骸を食べる動物）のようになってしまうこともある。スカベンジャーのエネルギーの人達は常に餓えた状態にあり、自分ではエネルギーを作ることができなくなってしまっているので、他の人のエネルギーを奪い取り、食べて、自分のエネルギーに変換することでしか生きていけなくなっている。だからその人の周りの人はだんだんと元気がなくなっていく。

エネルギーを食べられているから当たり前なんだけれど、当の本人同士が気付いていないとどうしようもない。周りの人や立場の弱い人に怒り狂う、自分の話ばかり話す、人の愚痴ばかり言う、わがままを言って周りを振り回す、他者への優しさがなく物質主義である……

こういうタイプはスカベンジャーの可能性が高い。あなたにも「この人に会うとなぜかすっごい疲れるな」という人がいないだろうか？　悪い人ではないんだけれど話すと気持ちが重くなる。それはその人がスカベンジャーで、あなたのエネルギーが食べられてしまったからだろう。

逆に、あの人に会うと元気が出る、何かを始めたくなった、心が軽くなった気がする、頑張ろうと思う気持ちになった、そんな人もあなたの周りにいるだろう。この人はエネルギーが溢れていて、与える人。与える人は誰かに与えることでもっとエネルギーが高まる波動の人だ。疲れたあなたがふと週末久しぶりに会いたいなと浮かんだ顔は、ふと声が聞きたくなって電話してしまう相手は、おそらくエネルギーが溢れていて与えるタイプのエネルギーを持っている人だろう。私達は無意識に実は感じている。意識するとより感じられるようになる。

あれ？　話についてこられているだろうか（笑）。エネルギーは日本語だと「気」、元気、やる気、気分が良い、気が乗らない、病気。このステップでこの気をあなたにも感じられるようになってほしい。気は目では見えない。目を使わずに、あなたの気はどう感じるかに、慎重に耳を澄まし、あなたの直感とコードをつなげる。現代の社会は便利になり過ぎて、私達は直感を使わず退化してしまい、大切な決断を簡単に流されてしまっているが、こんな情報に溢れた時代だからこそ、自分の動物的直感を退化させてはいけないと思う。

感じようとトレーニングを繰り返していると、だんだんとあなたもわかるようになっていく。今度は自分がどんなエネルギーを出しているのか、高まっているか、停滞して濁っているか、誰かに足を引っ張られてしまってないか、与えているか、もしくは奪い取るスカベンジャー化してしまっていないか。感じようとしてみて。自分のエネルギーが安定していないうちはたくさんの人が来る集まりや、気の低い人、間違ってもスカベンジャー化している人には決して近づいてはいけない。与えてくれる人や良いエネルギーの人とだけ、選んで会うようにしよう。

私の娘まりいの放っているエネルギーは溢れていて、とても澄んでいる。まりいは生まれ持っての「与える人」なんだなと思う。あなたは？　あなたの周りの人はどうでしょう？

じっくり感じてみてね。

ステップ77

# 人生はまるでイタリア旅行のようなもの

人生とは、イタリアにでも観光旅行に来ているようなものだと思えば大切なことが見えてくる。たとえばあなたは2週間のイタリア旅行に来ているとしよう。ホテルで他の旅行者と話していると、滞在が1週間の人もいれば3週間の人もいることにあなたは気付くだろう。これが人生の長さの違いだ。大切なのは長さではなく、いかに時間とエネルギーを使うか？

滞在期間が短いから可哀想ね、期間が長いからお得で羨ましい、ではない。短くても、眩しい一番星のような光を周りに与えるような旅をする人もいるし、長くても外は危険だから安全第一とずっとホテルの中に一人で閉じこもって観光時間を全て棒に振ってしまうような旅行者もいる。そんな旅行者は大概ホテルの下の免税店でブランド物を何個も何個も買い溜めている。せっかくのエネルギーをモノに交換してしまう。本当にもったいない話だ。

確かに、外に出るとリスクがないともいえない。危険な目にも遭うかもしれないし、足元に置いた旅行中の写真が全部入ったカメラを入れたカバンをあっさり置き引きに持っていかれるかもしれない。でもそれを恐れて出かけなければ、あっという間に帰国の時間がやってくる。カプリ島にも行ってないし、ダ・ヴィンチの絵もまだ見ていないのに！　と空港で失ってしまったたくさんのチャンスに気付いても、リスクを恐れホテルを出なかったあなたが悪い。出かける選択はあなたの手の中にいつだってあったのに。

恐れず、行きたいところに行き、やりたいことをしなさい。あなたの心が喜怒哀楽を感じる経験をすることが、あなたの大切な大切なお土産になる。ホテルに長い間閉じこもってブランドバッグを棚から出したり眺めたりしている毎日は、そのうちに自分が何でイタリアに来たのか、理由を見失ってしまうだろう。それは一番つらく可哀想な旅行者だ。こうなると誰も助けられない。外は危険だという長い繰り返しの同じ話を聞いてあげるしかなく、本人自身が気付くしか方向修正する方法はないが、今更方向修正しない方が本人のためにはいいのかもしれない。

大切なのは、どれだけ観光して、新しい経験をして、心が震える体験をするか？　それにプラスして、旅の途中でそれに気付き、旅の中での経験や理解、体験や神秘を、同じ旅仲間と共有して語り、笑い合えたら、それは最高な旅（人生）の時間の使い方だ。

それで最近よく私は考えているんだけれど、それは何かというと、あとどれくらい私のイタリア観光の時間が残っているのかなということ。自己管理しながらもしも80歳まで健康でいられたとしても、残された時間はうまくいってもあと35年くらい。それより少し長いかもしれないし、それよりぐっと短くなるかもしれない。長男の出産後の10年は2週間くらいの感覚であっという間に飛んでいってしまった。残されたのは、時間の流れの早さに追いつけず、浦島太郎状態で鏡の前に立つ白髪と脂肪が増えた私の姿。10年も時が過ぎ去ったなんて信じられない。この調子でいくと35年もあっという間に過ぎ去る……。チクタク、チクタク、時間は常に前進し、帰国の時間へ向かっている。嫌いなことをやっている時間は私にはもうない。

もちろん、リスクを怖がって安全第一と言ってホテル内で残りの35年も過ごすなんてごめんだ。帰国の飛行機の中で、あの時こうしていれば、ああしていればと後悔のないように私は最後の最後になるまで、火を燃やし続けるように、終わりある体と頭を使い切って、リスクを恐れず、この素晴らしい旅を楽しもうと思う。

あなたはどうする？　私達はそれをしにイタリアに来たんだから。生まれてきたんだから。あなたも、あなたのダウン症のある子供達も。共に恐れず、挑戦し、新しい経験で心を震わし、それを誰かと共感しよう。さて、あなたもそれを思い出したところで、新しい始まりの旅へ出発の時間だ！

ステップ78

# 一見愚かなはじめの一歩

あなたには、あまり誰にも話せない、もしくは話したこともない、自分で蓋をしているような願望はあるだろうか？　いつかやってみたいこと。ひょっとしたら今の生活を維持するのに精一杯で考えたこともないかもしれない。無意識に自分で抑制して考えることすら禁じてしまっているのかもしれない。それをぜひ、ノートに書き出すことからでもいいので、はじめの一歩を踏み出してほしい。

周りからすれば一見愚かに思うような、恐れ知らずで笑われてしまうような企画かもしれない。もし、そうであるならパーフェクト！　おそらくそれが、あなたの残りの人生に織り込むべきミッションだ。驚きと自己成長に満ちた新しい冒険が始まるだろう。私にも一見愚かに思うようなこれからやってみたいことがある。私の家族にも周りの友人にも話したことはない、予測不能な挑戦したいこと。

話したらどんなリアクションをするだろう？　まあ、皆私の言っていることがわからないだろう。めっちゃいいやん！　と同じペースで話せる人はいないかもしれない。ちょっと疲れてるのかなと思われ優しくされるかもしれないし、それをするには具体的にどれだけお金がかかり、怖く危険な目にも遭うかもしれないと、現実的には難しいとデメリットをどんどんと私の前に積み上げられてしまうかもしれない。だから一人でシークレットガーデンで花にこっそり水をやるように思っているだけなのだけれど。せっかくなので、あなたには私のシークレットガーデンをお見せしよう。

私は海外のダウン症のあるお子さんを育てているご家族と話したい。できれば会いに行ってどんな生活をしているのか、どんなことを考えているのか、本音の話を聞いて感じてみたい。国や文化によって、文化のベースにある宗教によって、日本の私達とは違った目線での理解がそこにはあるだろう。私はそれが知りたくて、どうも気になって仕方がない。「ぶっちゃけダウン症って何やろ⁉ 世界のママ達と語り合ってみた」なんて文章を書いてみたい。英語がそこそこ話せ、社交的なのは、この道へ行くためなのではないのか？ とさえ自分では思うくらい。まりいと2人でできたら楽しいだろう。まりいがそんなママに付き合ってくれるかはわからないけれど。私はそのうちに冒険を始めないといけないと密やかにガーデンの花達と話している。

ほらね、他人の秘めたやりたいことなんて、聞いてみたらそんなことしてどうするのってことでしょう？ そんなことよりお母さん、中古の分譲マンションでも早いとこローン購入検討したり、株式投資や子供英会話でも始めて、老後に備えた確実な生き方を考えなさいという声が聞こえてきそうだ（笑）。あなたにも必ずあるはず。本当の自分が始めたいこと、やりたいこと。それが夢想を追いかけるような、あなたの心に身を任せるようなものなら、心の求めに従い、踏み出そう。

ステップ79
## 逆から始める魔法

私は小学生の頃、画家のおじいちゃん先生の家に毎週水彩画を習いに行っていた。先生の家の大きな庭には畑があり、アトリエがあった。その中の壁にはたくさんの絵が無造作に立てかけられて、大きな瓶にはカラフルな絵の具がついたままの油絵の筆が、近代活花《いけばな》の作品のように突き刺さって置いてあった。自然光が綺麗に入ってくる部屋の真ん中に机があり、机の上には今日描くものがひっそりと、今日の主役のように置かれていた。お庭に咲いた季節の花や、こけし人形、クリスマスの月はくるみわり人形だった。小学生の私には少し背伸びをした題材が用意されていた。

私はその頃、絵を習うというより、絵を描いた後に先生が話してくれる怪談や、先生の飼っている犬のゴンの散歩をさせてもらえる方が楽しみで機嫌よく通っていた。先生は小学生の私には難しい、絵を描く心得や哲学の話をしてくれていた。その時の私には難解過ぎてあまりピンとこなかったが、この歳になって昔先生の言っていた言葉の意味がやっと理解できるようになった。塩漬けして長い時間置いておいて、忘れた頃にやっと食べ頃になる、そんな言葉もあるものだなと思う。

先生との会話の一つを紹介しよう。「将来は何になりたいの?」と先生に聞かれ、私は「先生みたいな絵描き」と答えた。先生は「じゃあいつでも叶うね、瑞穂ちゃんが今、私は絵描きだと決めたらいい。それだけのことだ」と先生は仙人のように、君にはまだわからないかなというように大笑いした。当時の私の頭の上にはクエスチョンマークが3つポンポンポンと浮かび思考停止になったけれど、今は本当におっしゃる通りだと頭が下がる。やはり、あの先生は毛糸の帽子を頭にのせて身を隠していたが、実は偉大なる魔法使いだったのかもしれないなと思う。

私達は何かを成し遂げるために、周到に用意し計画を練り、お金をかけて資格を取ったり、技術を身につけてから、やっと最後にその願望を現実に手に入れられると思ってしまうけれど、確かにそうしないと手に入らないものもあるかもしれないけれど、本当はその方法だけではないことをあなたはご存じだろうか？　魔法の近道の方法がある。実は実行が先で、その後に帳尻を合わせるように願望達成がついてくるということ。この方法だと無駄な時間と労力を削減できるし、もう手に入れているので途中で挫折してしまうこともない。

たとえばル・クルーゼの鍋を使いこなすお料理上手な人にあなたが憧れるなら、まずはこう思うだろう。お金を貯めて、お料理教室に通い、お料理が上手になった暁には、ル・クルーゼの鍋を買いに行こうと。秘密の近道はこうだ。まず、ル・クルーゼの鍋を買ってしまう。その鍋を箱から出してひとまず机の上でにらめっこして、高い鍋だから無駄にはできないと自分にプレッシャーをかけ、どう使いこなそうかと、本を読んだり、動画を検索したりして、早速その晩にでも使ってみる。もうこの時点で鍋を使って料理をしている実行達成だ。そこから試行錯誤を続けていくうちに気付いたら鍋と友達になっていて、使いこなせるようになっているだろう。この時点で初めにあなたが描いたお料理上手な人になっている。

料理教室に高いお金を払って、包丁の研ぎ方から教わる必要はない。そう、まずは狙いを定めて実行する。その後に現実が飼い主に忠実な犬のように追いかけてきてくれるから。あなたはただ「できる」って自分を信じたらいい。笑う門には福来るという言葉がある。その言葉の通り、まず笑うから始める。お腹の底から、ガッハッハと。理由なんて何でもいい。なくたっていい。お母さんが笑うと自然と子供達も、訳もないのに笑うからやってごらん。

お母さんはいつだって子供達の太陽だ。

幸せになりたいとむっつり悲しそうにしていては、幸せから遠ざかる。笑っていたら楽しそうな人だと、周りの人は心地よく話しやすいので自然と人が寄ってきて、楽しいお誘いも入ってくるだろう。意地悪な人も寄ってこなくなる。気が付けば、自分の笑いが自然と身についてくる。そんな時、自分の周りを見回してみたら、あなたは幸せに囲まれていることに気付くだろう。

まりいが笑うと本当に皆ほほえみ始める。奇跡的な魔法にかかったように。

ステップ80

## 直感を研ぎ澄ます

インターネットやSNSなど情報が溢れた池の中で、自分に必要なものだけ選び取って体内に入れ、優美に泳ぐ白鳥のように生きている現代社会の人間達。私が一番退化してしまっているのではないかと心配に思うのが、人間の野生の機能である直感。そこにはロジカルな論文などは必要ない。好きか嫌いか、安全か安全ではないと思うか、本能的直感。あれやこれやのインンフォメーションはとりあえず横に置いて自分はどう感じているか？　自分自身と対話して耳を傾けるという作業は、今も昔も人が生きる上で必要不可欠でないかと思う。そんな土臭いアナログな機能を使うのは、時代と逆行していると思われるかもしれない。しかし自分がどう感じるかが先祖や地球とつながって生命を維持してきた、あなたのルーツであり、ここを手放して、情報と条件を地軸にして生きてしまったら、もうあなたはあなたではなく、ロボット人間のようになってしまうのではないだろうか。

What does your gut tell you?（あなたの心は何て言っている?）。gutは英語で内臓という意味だが、腹の底の本心という意味で使われている。この言葉が私は好きだ。動物的でとてもいい。あなたがこれから何か選択する時には、情報と条件とあなたの腹の底の直感と、3つを机の上に置いて考え決断してほしい。直感は鏡や水面の反射のようなもので時に抽象的なサインのようなものかもしれない。テレビを消して、携帯電話を別の部屋に置いて、雑音のないところで、あなたが物心ついた頃から大切にしていた、あなたの腹の底にある、トランシーバーの電源をオンにしていただきたい。

最近タブレット検索ばかりに頼って、使っていなかったので、電源を入れてもはじめのうちは何も聞こえてこないかもしれない。でもそうやって静かな時間を根気よくつくっていると、そのうちに聞こえ始めるだろう。もし反射したものがあなたの信じてきたものとは違うものであっても、目をそらさず、向かい合い、受け入れて。

ステップ81

# マザーフッド（母性）

長男エイデンが3歳の頃、大きな観覧車のようなものに乗っている楽しそうな絵を描いていた。「これは何の絵なの？」と私。「これはね、エイデンランドだよ、ママ！　僕が前にいたところで、ここではね、好きなことばかりできるの。楽しいところでね、はぁ～ママを連れてってあげたいな。ママも絶対好きになるよ！」とエイデン。「前っていつ？」と私。「ママのお腹に来る前。僕はエイデンランドにいたんだけど、ママを助けてあげるためにこっちに来たの」と笑顔で話すエイデン。「楽しかったなぁ、エイデンランド。お金がいらないんだよ。何してもいいし、みんな楽しくてね、ママを連れていきたい」とエイデン。絶句で固まる私（笑）。

もう一度確認したい私は「ママを助けるために？」と聞く。何度も言ってるじゃないか、本当にわかりの悪いやつだなと呆れた感じで「うん、そうだよ、助けに来た」とエイデン。初めての育児で手を焼いていた時期のエイデンに、実はママを助けるために生まれてきましたと言われて、頭をねじ曲げられたように私は言葉を失ってしまったのを覚えている。そう言われるとそうなのだろうと納得できるし、今これを書いていても、私達は見えるもので物事の摂理を理解して、そんなもんだとわかったように生きているけれど、見える世界の理解を超えた理由で、違う価値観で、違う重要性で、目に見えない世界とつながっていて、今私達の生きている日常の物事が実は起こっているのではないかと想像する。

こちらでは試練のような体験が、実は違う世界から送られてきた、とっておきのプレゼントなのかもしれない。ポイントはそれに気付けるか気付けないかということだ。気付ければその試練はある瞬間に賢者の石に変化し、ギフトの全貌を現してくれる。気付けず、愚痴ばかり言って腐っていてはプレゼントの姿がわからないまま人生が終わってしまう。その人が試されているのではないだろうか？　そこまでいろいろ考えを広げると頭がショートしてしまうスレスレのところにまでいざなわれてしまうのだけれど（笑）。

マザーフッドは特別な経験だ。水がいろいろな形に変わるように、子供により、年齢により、こちらも臨機応変に形を変えながら子供の成長を助けるとともに、子供が私を立派な母になれるように、母であるこちらが精神的に育てていただいているような時間だと思う。私にはエイデン、りりい、まりいの3人の子供達がいる。もしエイデンの言うように、私を助けるために、3人が幸福な世界にいたのに、ママを助けるために一肌脱いでやるかと私の救済のためにやってきてくれたのだったら。私という人間は相当助けが必要な、もう溺れかけていたようなひどい状態であったのかなと想像するとおかしい。

1人じゃ足りないとりりいが呼ばれ、2人でもこいつは助けられないとまりいが呼ばれ、私はそれでやっと、ずぶ濡れで息も絶え絶えに岸に上がってこられた状態であった。いや、今まさにそうであるのかもしれない（笑）。そう考えると、子供達に感謝の気持ちが湧いてくる。

助けに来ていただき、ありがとうございます。ママは日々亀さんの歩調ではありますが邁進しております（笑）。そんな風なシステムであなたの子供達もあなたのところにあなたを助けに来てくれたのだったら？　と一度考えてみてほしい。こちらの世界でのこういうものという価値観の重要性は一瞬にして転換し、解放される。こちらの世界の価値観で子供達を型にはめようとして怒ったり、なぜ他の子ができることがうちの子にはできないのかと悩んだり、親の価値観を押し付け諭そうとすることが、明らかに間違っていることに気付く。

ママを助けに来てくれた子供達。あなた達はあなた達らしく、この世界の美を鑑賞しながら、楽しみながら、自然のまま、あるがままに、たくましく、真っすぐに力強く、グングン伸びていって。あなただからできること、誰かのために命を輝かせて、光になぁれ。

ステップ82

# ファーザーフッド（父性）

私の父は「沈黙は金」というのが座右の銘であっただけに、沈黙し過ぎて、今天国で自分が集め過ぎてしまった金の山の上に座って、さて、この山から降りる時どうしようか？　と困っているかもしれないと想像できる……いや、お父さんなら困ってないか？　まあいいや、降りなくてもいいやと言って、タバコでも吸って昼寝でもしようかとしているだろうと想像できるような、独特の世界観を持つマイペースで静かな人だった。

怒ることは決してなく、他人の目も気にしない。自分の意見は言わず、口を開けば冗談を言って一人で笑っているような人。娘の私から見ても話さな過ぎて一体何を考えて生きていたのかわからない、もはや人間なのかすらも疑問に思ってしまうほど、不思議な人だった。

人間じゃないいなら何なんだ？　と聞かれたら、精霊か、妖精か、妖怪か、仙人か。人間らしいネトネトとしたものが全くなく、他人の噂話もなく、どうこうという悩みも口にしない、フフッと全てを鼻で笑って、恐ろしい量の砂糖を入れたコーヒーを飲みながら、コーヒーの歌をフンフン歌っているような、そんな人だった。

私が幼稚園児くらいだった頃、家の片付けをしたい母に追い出されるように、週末はよく父と2人だけで近所にあったドーナツショップへ行ったことをよく覚えている。私は決まって同じドーナツを2つ頼み、父はコーヒーだけを頼んで、ドーナツを食べる私を嬉しそうに眺めながらハイライトのタバコを吸っていた。昔の写真を見るとほかにも遊園地や動物園に2人で行ったはずなんだけど、そのことを私は全く覚えておらず、ドーナツショップの時だけ私の記憶の図書館に返し忘れた本のように、心の中にずっと残っている。

父という存在は、家族の中でリーダーシップを取り、社会の規則などを子供に教える役割があると思うのだが、私の家ではその役割を母が担っていたため、私の父はその社会の規則に疑問を投げかけるような人だった。幼い頃はそんな父が面白く大好きだったのだが、思春期は早い段階で反抗期になり、社会の中で不器用に、生きにくそうにしている父が痛々しく、会話をすることが少なくなってしまった。

棺に入れようとしていた、父がいつも持ち歩いていたボロボロの本を「入れないで!」と言ってもらって帰り、いつかじっくり読んでみようと今は開けられないまま本棚にしまってある。いつか、父が何を考えて生きていたのか、ミステリーをひもとくように、本の中でいかに生きるべきかと生涯模索し続けながら生きていた父と、同じ本を読みながら対話してみたいと思う。

社会の中で権力統制をするために、さまざまな強い力が働いてルールやガイドラインが決められ、そちらの方に進むように促される。でもそれに丸ごと従うのではなく疑問を持つ大切さを父から教えてもらったなと今になって思い、感謝している。ドーナツショップで「天国へ行ったら、自分の好きな年齢になれるんだ。俺は小学生になるわ！　小学生の頃が一番楽しかったな」と父が私に話していた。私がいつか天国へ行ったら、いがぐり頭で走り回っている父を探さなくてはいけない。その時、私達はどんな話をするだろう？

どんな形であれ、私達は両親から教えられた大切なことがある。おそらくそれはいつも親である本人が子供に教えたいと思っていたこととは違うものになって、子供の手に受け継いでしまうのだろうけれど。あなたは、あなたのお父さんという存在から何を学んだだろう？

考えてみて。

ステップ83

## あなたの準備ができた頃、メンターは自然と現れる

英語でこんな言葉がある。When the student is ready, the teacher will appear.（学ぶ生徒の準備ができた時、師が現れる）。反対にあなたの準備が整っていないと、隣に偉大なあなたのグルが立っていても、なんや、変なおっちゃんやな！　何ボケーッと立ってるね

ん？　としか思えずに、せっかくの機会を逃してしまうということ。

私の84歳の友人が前に面白い話をしてくれた。

「チャンスはね、向こうの丘から、大きな声で叫びながら目にも留まらぬ速さで走ってくる裸ん坊の子供のようなものなのよ。その子には前髪しかなくて、出会った時に、ちゃんと前髪をヒョイッとつかみ取らないとダメなのよ。冷静に、驚かず、ヒョイッとよ！　何々？　とモタモタしていてはいけないのよ。何で叫んでる？　走るの速過ぎない？　何で裸んぼ？　そんなん言ってたらダメなのよ。チャンスはあっという間に通り過ぎていってしまう。通り過ぎた後は後ろ髪がないからつかめないの。いつも準備をしてたらね、来たらすぐわかるのよ、あ！　これだなって。さあ、瑞穂さんはつかめるかしらね？」。

私は時々道を歩いている時に、このチャンスの子供を想像して一人吹き出して笑ってしまう。だって、絶叫しながら全速力で走ってくるんだよ？　おかしいよね（笑）？　でも笑っていたら逃してしまう。そして、もし今走ってきたらヒョイッと冷静に前髪をつかめるかな？　と手でつかむ真似を何度かしてみる。すれ違った人は、何やってんだあの人？　しつこい虫でも飛んでいるのか？　と思うだろうけど（笑）。

あなたの心は師との出会いの機会を見分けられるよう準備はできているだろうか？　どっからでもかかってこいと、コートの真ん中にラケットを構えて膝を屈めて力強く構えて、前にも後ろにもボールが来た時にすぐに動けるように、今立てているだろうか？　まだであるなら準備を始めて。これからあなたの目の前を走り抜けるたくさんの師匠との出会いをくれぐれも見逃さないように。

## ステップ84　自分を愛することから始めよう

仲の良いママ友からメッセージが来た。〈ちょっと、お願いがあるねんけど、自己肯定感高めたいから、自宅をきれいに掃除してたとか、もう何でもいいねん。私のこと褒めてくれないかな？　お願いします〉。

これは、社会から離れて孤独に家事と育児に追われる日々を送っている世界中のママ達の心の叫びのような、涸れる土地に雨乞いの儀式をお願いするようなメッセージではないだろうか？　私は深く共感できるし、私もこんなメッセージをママ友に送りたくなる日はよくある（笑）。

あなたも思うだろう。育児や家事はゴールドメダルやトロフィーで賞賛されるようなことは決してなく、地味で休みない作業であり、自己肯定感を高く保ち続けるのは至難の業である。ただマラソン選手のようにひたすらに家族の生活が回るように支え続ける。自分のことは最後の後回しになり、自分の気持ちに至っては最後の、そしてそれまた最後の後回しで、やっと自分の気持ちに向き合い、癒す前には眠たくなって寝落ちしてしまう。そんな日々ではないだろうか？　私は彼女のことをあれやこれや思い出し、言葉の流れが続く限り心から彼女の頑張りを褒め称えた。

今息子の担任をしてくださっている先生がとても良い先生で、息子は毎日のようにグッジョブカードをもらって帰ってくる。その名刺サイズのカードには先生の走り書きの文字で、あの時の質問は良かったよ、最近社会のノートをちゃんと書いている、頑張っていますね、素晴らしいです、と小さなことを取り残さず、先生は気付いていますよと、クラスの子供達皆にことあるごとにカードに書いて渡してくれている。

息子の何回注意しても直らなかった汚い漢字も、今年になって急に別人のように綺麗に書くようになったのは、その先生がいつも息子を褒めてくださる結果だと思う。先生が書いてくれたカードは、学校のいつも持ち歩く手提げ袋の内側のポケットに密やかに溜められており、いつも物をあちらこちらに置き忘れて自分の持ち物を把握できない息子にしては、カードだけはこんなに丁寧に管理できているということは、世界の七不思議に入るほど不思議な現象だ。口では全く言わないけれど息子にとって宝物なんだろう。

私はいつも冗談で、ママもエイデンみたいに先生をちっちゃくしてエプロンのポケットにでも入れて、いつも褒めてほしいわ！　なんて言っている（笑）。家にある材料で夜ご飯を作りきったこと、雨が降る前に洗濯物を入れられたこと、明日のお弁当のおかずと晩ご飯のおかずを同時に買い物できたこと。お母さん！　ハナマルです、素晴らしいです！　と言って褒めてほしい（笑）。

あなたもこの先生のように、周りの人、子供達を褒めるために、あなたの観察力、思考、優しさ、あなたの声を使ってみて。何かに怒るより、愚痴るより、愛の方向にあなたのエネルギーを使おう。そして褒めた後は「はい、次ママが褒めてもらう番、何でもいいからママを褒めて」と言って褒めてもらおう。

## ステップ85 光と影の両方がないと真っすぐには走れない

ここに、白黒のモノトーンで描かれた絵があるとしよう。水木しげるが描いた漫画でもい

い。エドワード・ゴーリーのようなエッチングでも、芸大受験のためのつまらないデッサン画でも、私の息子の好きなエッシャーの「相対性」でもいい。何かあなたが想像しやすい白黒の絵を想像してみて。そして、もしそこに黒いラインがなければどうなるだろう？　黒い影がなければ絵はどうなるだろうか？　そう、真っ白だ。何も浮かび上がらない。光の白のブランクペーパーのみが残されるだけ。眩しいだけで魅力はなく、ストーリーは始まらない。影の黒があるから白の光が引き立って立体が生まれる。物質が浮かび上がるのだ。

では逆に黒ばっかりのラインだとどうなるか？　真っ暗で何も見えない。見ていても白の空気孔がないので息がつまる。ただの黒い紙。これも絵にならない。ストーリーは終わり。

白と黒、そしてその間の黒でもなく白にもなりきれない模索したグラデーションのグレーがあるから、鼓動を打つように生々しく、ストーリーが始まる。白と黒、光と影は完璧なバランスでなくてはいけない。あなたが2頭の馬がひく馬車を操っているとして、右に黒い馬、左に白い馬が走っている。もしどちらか1頭が速く走ったり、ゆっくり走ったら、真っすぐには走れないだろう。右か左に寄ってしまうか、転倒してしまうか。白い馬が真っすぐ走るために、同じくらい大きくて強くタフに走ってくれる黒い馬が必要だ。そのいいバランスの白黒の2頭の馬を上手に操って、やっとあなたは、あなたの勝利に向かって力強く走れるのだ。白い馬は光、希望、喜び、前向きであること。黒い馬はつらい過去、恐れ、悲しみ、痛み、悲しみを受け入れ影と向き合うこと。

あなたの馬はどうだろう？　ポジティブになろうとして白い馬ばかりに気を取られていないだろうか？　黒い馬にも話しかけながらブラッシングしてあげないといけない。もしくは反対に黒い馬とばかり気が合って話し、白い馬を売り飛ばそうとはしていないだろうか？　あなたが真っすぐに力強く走り続けるにはどちらか1頭では勝利できない。同じ強さの白と黒の2頭の馬が必要。馬小屋に来たあなたの靴の足音を覚えて喜んでくれるくらい、あなたの2頭の馬と友達になって。白と黒、完璧なバランスで白と黒があるから、光と影のグラデーションが生まれ、ストーリーが始まる。

影があるから光は力強く輝き始め、優しくそして力強くゴールに到達できる。あなたの心の光と影はどんなバランスだろう？　一方だけに蓋をしてしまっていないだろうか？　両方同じ大きさで同じ強さで必要なんだ。それでいいんだ。2つが同じように大切で、あなたが前に進むために必要なんだということを忘れないで。

ステップ86

# 膝の上の獅子、喉を鳴らす

「ママがダダにチワワみたいだな！　って言ったの、ダダまだ気にしてるみたい」と夫と公園に行って帰ってきたりりいが手を洗いながら言った。チワワみたい？　確かに言ったな昨日。そんなに心に響いたか、図星だったかと笑ってしまった。「わかった、ダダに言い過ぎたと謝っておくわ、ありがとう」と私。夫は昨夜、何か人間関係で上手くいかなくてグチグチずっと怒っていたので、チワワみたいね！　と私は言ったのだった。

私は誰かにキャンキャン吠えることはエネルギーの無駄だと、ゾウみたいに大きくどしっと悠々とありたいと思う。逆に相手を、キャンキャン吠えてくるチワワやなこいつと思えば自分の心が冷静になり、ムカつかない。ゾウになれる。強さとは、自分の強い感受性が、何かの出来事や、誰かの言葉にひどくベクトルが向いてしまった時、動揺し過ぎてしまった時に、そんな自分の荒ぶる感情をどう落ち着かせて手懐けられるかということだと思う。自分の中の凶暴なライオンの頭を、まるで飼い猫の頭を優しくなでるような強さ。それは本当の強さだ。

「昨日チワワみたいだと言ってごめんね」と私。「いや、いいんだ、ほんとチワワだったわ、ゾウにならないとね」と夫。「私もいつもチワワになってキャンキャン吠えてるからね」と私。「うん、知ってる」と夫。そう、そういう私だってちっさい一言で過剰にキャンキャン吠えまくるチワワになる。あの人がこう言った、ああ言ったで、もうキャンキャンずっと怒ってずっと吠える小型犬になる。あなたもそうじゃない？

自己防衛のために小さいチワワは吠えまくる。逆に大きくて強い犬はあまり吠えない。あなたがチワワになった時、大切なのはそれに気付き、切り替えること。あれ？　私チワワになっちゃってるなと（笑）。ゾウのように悠々と動じず、自分の荒ぶる獅子を飼い猫のように手懐け、それを膝に乗せて、紅茶とスコーンでアフタヌーンティーをいただくくらいの強さと優美さを理想にしていきませう。

ステップ87

## 己を知る

大人の発達障害検査を私は受けたことがある。息子が不登校だった頃、発達障害検査を勧められ、この子だけ受けるのはフェアじゃないと言って私も受けた。まりいが発達検査で受けているのと同じウィスク（ＷＩＳＣ）の検査の大人版。この決断は、私の周りのママ友や家族を、何でママが受けるの？　と驚かせたけれど、ものすごく面白い経験だった。受けてから思うのだけれど、これはたとえば動物占いを受けるくらいの軽いノリで、全ての人が受けるべきものではないだろうかと思う。特に教育に関する仕事をしている人達、学校の教員や保育士には、免許を取る前の必須のテストにした方が、子供をより深く理解できると私は思う。

私は心療内科で2時間くらいかけてテストを1対1で受けた。テストを受けるとわかるのだが、自分の得意なものと不得意なものを自分でもはっきりと感じることができる。大人になって忘れていた、子供の頃の気持ちが蘇るようだった。得意なものはやっていて楽しくて、私にとってはパズルだったんだけれど、もう世界が許してくれるなら、家庭をほっぽらかして先生とずっとパズルをやっていたいと思うように、自分の脳が喜んでいるのを感じた。逆に単調作業が自分でもびっくりするくらい苦手であることもテストをやっていてわかった。たとえば洗濯機でケーキを焼こうとするくらい無理な話なように感じた。やはり人それぞれに向き不向き、搭載されている機能が違うんだなということを、目を背けられないくらいクリアに、目の前に置かれたような体験だった。

テストを受けて以降、子供達が苦手だと言うものを、頑張ったらできるわよ！　と言えなくなった。頑張ってもできないものがあり、頑張らなくてもできてしまうものがある。それじゃあ、楽しくできてしまう方を伸ばしたらよい、いや、その道しかないいんじゃないだろうか？

私がこのテストから学んだことは、己を知り、自分の居場所が適材適所であれば、皆自分の才能を発揮でき、楽しく生きられるんだろうなということ。地球が大きな一つの体であるなら、一人ひとりが鍼灸のニードルであるように自分の適材適所なツボをピシッと刺して立っていれば、世界の血液の循環はドクドクとリズミカルに勢いよく変わり始めるのではないだろうかと思う。そう考えると素敵じゃない？

自分や子供達の適材適所は必ずある。無理して違う形にはめようとしたり、変えてやろうとすることは、遠回りしてしまったり、迷ってたどり着けなくなってしまうかもしれない。

自分の至福の時間を追わなければいけない。それをやっているとあなたが時間を忘れてしまうことは何だろう？　Follow your bliss.（あなたの至福の時間を追求して）。それがあなたの立つべき、あなたの持ち合わせた機能や個性を最善に生かせるニードルポイントなんだと思う。あなたはそこに立てているかな？　立とうとしているかな？　考えてみてね。

ステップ88

# あなたの持っているものを数えてごらん

私達はつい、自分の持っていないものばかりに気を取られて生きている。それが手に入ったら、それがあったらいいのに、それを手に入れたら幸せになれると、人生上がったり下がったり、晴天の空のような前向きな日もあれば、台風警報が出て屋根がパラパラ吹き飛ぶような真っ暗な空の下、布団の中で怯える子供達と一緒になって隠れるような日だってある。そんな人生の滑車が下に来てしまっている時は、決して自分の持っていないものに思考をフォーカスしないで、自分の持っているものをカウントして。Count your blessings.

屋根のある住むところがある。健康な体。美しい3人の子供達がいる。あれやこれや助けてくれる母がいる。家族を思って頑張って仕事をしてくれている夫がいる。スピードを緩めることを教えてくれる2匹の猫がいる。ボタンを押したら洗濯してくれる洗濯機を持っている。何回読んでも内容をすぐ忘れてしまうので何度読んでも楽しめるお気に入りのたくさんの本がある。たくさんのスケッチブックと絵の具があるからどんな絵だって描ける。

数えきれないほどたくさんのものをすでに持っていることに気付くだろう。どうか持っていないものばかりに気を取られて、今手にしている大切なものを失ってから、初めて気付いて後悔しないように。今あなたが暴風雨の下にいるとしても、自分が恵まれていることを数えて、すでに多くの恵みに囲まれて生きていることに気付こう。そこから人生の大きな滑車はまたゆっくりと上に向かって動き出す。

ステップ89
## もう怒ってないよ

私のお姑さん、夫のお母さんは10年前に亡くなった。私と義理のお母さんは、私がアメリカに住んでいた頃はとても仲が良かったのだけれど、私と夫が日本に引っ越してくる前に小さなことで喧嘩になり、喧嘩したまま私はアメリカから日本に帰ってきた。もし、本当の親子だったら、そんな些細な喧嘩なんて次の日になったら洗い流されているんだけれど、義理の母娘の場合は難しく、両者胸の中に大きな石を抱えているような、そんな気持ちだった。お互い頑固なところが似ていたし、私達が日本に引っ越してしまうのがお義母さんは寂しかったんだろうと今になって思う。

日本に帰ってきて3年後、長男エイデンを私が妊娠している時に、アメリカにいる義母に癌が見つかり、放射線治療は絶対にやりたくないと言っていた人だったのだけれど、孫を一目見たいという一心で、手術と放射線治療をして、息子が6カ月になった頃、アメリカまで赤ちゃんの息子を連れて母に会いに行った。喧嘩した後の初めての再会だった。会いに行った頃には義母はかなり弱ってしまっていた。意識が朦朧として、話すことも歩くこともできなくなっている義母の膝の上に、丸々とした息子を支えながら乗せると、義母はエイデンをじっと静かに見つめた。

お義母さんの介護をしていた夫のお姉さんが、義母がまだ話せた何カ月か前にI'm not angry anymore.（もう怒ってないから）とあなたに伝えてと言っていたと教えてくれた。私はそれを聞いて何でお姉さんがそんなことを言うのだろう？　何でお姉さんにそんな話をしたんだと、2人で私の悪口でも言っていたのではないのかと、暗い気持ちでその言葉を受け取った。つまり今考えてみると、2人にどう思われているか？　嫌われているんじゃないのか？　と心配で怖かったので、私はまだまだスッキリせずに怒ったままでいた。

そして私達が日本に帰国した1週間後に義母は息を引き取った。

お義母さんが亡くなった2年後、長女りりいが生まれた。りりいの誕生日が亡くなった義母と同じ誕生日、8月5日であったため私達は、お義母さんが生きていたら大喜びしただろうと、ひょっとしたらお義母さんの生まれ変わりだったりして！　性格が同じだったらどうする？　と冗談を言って、生きて会わせてあげたかったと話していた。

ちょうどりりいが2歳になり、おしゃべりになってきた頃、りりいが私に突然こう言った。I'm not angry anymore, Mama!!（ママ、私もう怒ってないよ！）。何にりりいが怒ってるの？ママに怒ってたの？　何で？　と私が聞くと、わからないと答える。怒ってないよと言っている本人も何でそんなことを言うのか自分でもわからない様子だった。そんなことが5回くらい続き、毎回なぜ急にそんなことを言うのか、りりいを私は追及したが、本人は全くわからない様子だった。私の頭にはまさか、お義母さんが言っているのではないかとしか思えなくなっていたけれど、そんなことはあり得ないと信じられないでいた。

ある日、公園のベンチでりりいが"I'm not angry anymore, Mama!"と私にまた言ったので、私もりりいの目を見て"Me too. I'm not angry anymore, Mom."(私ももう怒ってないよ、お義母さん）と言うと、りりいはニッコリ笑いハグをしてくれた。その時以来、りりいは大きな氷が溶けて全て空へ蒸発したように、私にそれを言うことはなくなった。私の心に重くあった石もその日以来、跡形もなく消えてしまった。

私達は許さなくてはいけない。許されなくてはいけない。あなたは何か過去の許せない心の石をいまだに持ち歩いて生きていないだろうか？　許し、forgiveness. 一番難しいこと。そしてあなたの頭にある王冠の一番真ん中にある大きく美しい宝石は許しの宝石。心にあった重い石を取り出して王冠にはめ込むと、光を集めて輝き始める。あなたも心の重い石を手放して自由になって。

## ステップ90　歩調を変える

数年前、ずっと気になっていた右の目と眉毛の間にあったホクロを取った。小さなホクロを取るのに、大きな病院で手術台に寝かされて心音まで測りながら、お医者さんにアシスタントが2人もつく、大げさすぎる摘出施術を受けて、抜糸するまで1週間、右の目の上に眉毛も隠れてしまう大きな絆創膏を貼って生活しなければいけなくなった時のこと。

その次の朝の私の大問題は、反対側の左の眉毛のメイクをするかしないかということだった。夫に、片方の眉だけメイクしたほうがいいと思う？　と聞いてみたところ、Who you want to impress?（誰に良い印象を与えたくてそんなことするの⁉）と大笑いされたので、確かに馬鹿らしくなり、1週間どこに行くにもメイクを全くせずに過ごした。何十年もずっとメイクをして出かけるのが習慣になっていたので、それをあっさりやめてみると不思議なもので、だんだんとメイクをしている人が不思議に思えてくるし、最後には人がメイクをすることも不可解で滑稽な行為に感じてくるから面白い。

これが自分だと思う今までの習慣を一度あっさり手放して周りを見回すと、そこにはいつもとは違う風景が見えてくる。メイクでもいいし、ファッションを放棄して1週間上下スエットで出歩いてみるのもいい。外へ出るのが好きな人は、小説を何冊か買って部屋に引きこもって1カ月ほど本の虫になるのもいい。逆に一人の時間ばかり過ごしている人はいろいろな人とこれでもかとお茶やランチの約束を入れて、毎日のように違う人に会って話してみる1カ月を過ごしてみたらどうだろうか？

そんな風に自分はこういう人だから、こういうのが好きという、でき上がった自分のルーティンの歩調をあえて崩してみることで、違った自分、世界観を反転させることができる。私は家で一人でいることが大好きで、それが全く苦にならない性格なのだけれど、娘のスケートボードの先生が「誰かに声をかけてもらえる間は精力的にそれに応えて参加していこうと思っているんです」という言葉に感動し、やってみませんか？　出かけませんか？　という誘いにはできる限りYES！　と言って参加してみるというチャレンジを最近やっている。

まるで違うステップで踊るようなものだ。そこには新しい出会いがあり、また新しい自分にも会え、新しく出会った人からの誘いも入ってくる。あなたも自分はこうなんだというものを全部一度箱にしまって、本棚の奥にでも入れて、今までと違ったアプローチを試してみてほしい。リズムに乗りながら、右足を出していたところに左足を出すように。ストップしていたところを駆け足のステップで。歩調を変えてみると、また違った風景がそこには広がり、新しい人と出会い、今までのあなたとは違う話を始めるだろう。

## ステップ91 もう一度飛び立つためには、一度完璧に灰にならなくてはいけない

自分の死を意識して初めて、人は生きることを考え始める。自分の死について考えながら生きている人はそんなにいないのではないだろうか？　余命宣告を受けたり、身近な人が亡くなったり、事故に遭ったり、そんなことを経験して初めて、限りある時間を自分が生きているということを再確認することになるのだろう。死んだら自分の魂はどうなるのか？　そんなこと考えたことはあるだろうか？　宗教によって死後の世界の考え方は違うので一概に言えないし、行って帰ってきた人も誰もいないので、こうであると言い切れないのだけれど。だからこそ、私がどうなると思っているかについて簡単に書こう。

私は一人ずつそれぞれ何かこれを経験したいというカリキュラムを持って生まれてきていると考えている。カリキュラムの中に子育てがある人、子供がいないカリキュラム設定の人、生まれつき障害のある人、生きている途中で重い障害を負う人、お金があり過ぎてそれが生

きにくさにつながる人、仕事に全情熱を捧げる人、応援歌を作る人、小説を書く人……カリキュラムは人それぞれで、たとえていうなら学校の時間割のようなものだ。国語は入っているけれど英語は入っていない人もいれば、社会と数学ばかりの時間割の人もいる。

死んだ後、私の魂は今まで慣れ親しんだ車のように乗っていた体を離れ、ソウルとなって光の集まりに戻っていく。そして戻っていった光の集まりの中で、生きていた時にこんなことを経験してこんなふうに感じたんだという話をして、自分の経験をシェアし合う。そうすることでグループの光はより明るくなり、意識のレベルを高め合うことができる。私はそんなふうに考えている。

それで、もしそうであるなら、死んでから経験や考え、感じたことをシェアするのは一足遅いのではないかと思う。もし、生きている間に私達がシェアし合えたら、生きている間に意識を高め合うことができるのではないかと。そう思わない？　だから、私はできるだけ正直に人と話をして、体験を通して学んだことを生きているうちに誰かに伝えたいし、聞きたいと思う。

そして今、自分という人間の体で私のカリキュラムを誠実にやりきってやろう、踊りきってやろうと思う。そんなに時間があるわけではない。嫌いなことをやっている時間もない。時間の無駄だと感じることは切り捨てる。社交辞令で右のものを左に、左のものを右に変えるような作り笑いの会話を繰り返していたら自分を失ってしまう。誰かを演じなくていいし、自分の意識を大切に、自分の思いを貫き通して。

そうできた時、あなたが両手に大切だと思って抱えていた、いらないものは一度灰になり、灰の中からフェニックス（新しいあなた）が生まれ、空に飛び上がる。あなたはどう思う？空中に舞い上がったあなたの目には何が映っているだろう？

## ステップ92

# トワイライトタイム

日没後、まだ明るい薄明かりの空があなたの周りに広がっている。もうすぐ暗黒の夜がやってくる。空はもう一度暗くなり、太陽が昇る前が一番暗い。でも怖がらないで。あなたが100のステップで初めに通ったトンネルの時とは違う。あなたの感情の振り子の動きは、あの頃よりずっと穏やかになり、今のあなたは、久しぶりに会った人が驚くほどに変化した。あなたはまだそれに気付いていないかもしれないけれど。変化というよりは孵化《ふか》したと言った方がピッタリくるのかもしれない。

そして手の平を開けてごらん。強くなろうと握りしめていたあなたの手の中には賢者の石が光り輝いている。塔が崩れ、更地になって、旅に呼ばれ、孤独のトンネルを通り抜け、冒険が始まり、助言者と出会い、試練を丁寧にくぐり抜け、学び、新しい人達と出会い、語り合い、お腹から笑えるようになり、最大の敵である自らの影と戦い、勝利し、影が賢者の石へと変化した。あなたはアルケミスト（錬金術師）。さあ、もう一度賢者の石を握りしめて。日没後、オレンジの明かりがだんだんと抜けていき、藍色に包まれていく。あなたの心を調和の中に。Peace.

## ステップ93 あなたが縛られているもの

人はその人の根底にある恐怖と欲望に突き動かされて行動している。その恐怖も欲望も人によってさまざまだ。私にとっての恐怖は誰かにとって何でもないことかもしれないし、誰かの欲望は私にとって取るに足らない、くだらないと思えることでもあったりする。人は自分の恐怖と欲望に縛られ身動きが取れなくなってしまうことがある。あなたの恐怖は何だろう？　あなたの欲望は何だろう？

それはあなたが子供だった頃に、世の中やあなたの周りの大人に植えつけられた価値観や

常識、生きるとは、大人とは、物質的幸福やこうであらねばならない、ここから外れてはいけないという恐怖に囚われてしまっている。目に見えない鎖であなたを縛りつけているもの。知らなかったかもしれないけれど、その鎖をほどく鍵はあなたのポケットに入っている。あなたはずっとその鍵を持っていたのだ。

実は知っていたけれど使うのが怖かったのかもしれない。本当は使いたくないのかもしれない。鎖をほどく鍵を開け、自由になろう。鎖がつながったままでは、これ以上前に進めないから。持っている鍵を使って自分を解き放つのだ。希望や喜びが導く光の射す方へ進もうじゃないか。

ステップ94

## 塔の再生

まりいが産まれて2日後のハロウィンの日に私も転院した、大きな病院の小さな部屋で、ダウン症の告知を受けたあの時、振り返ってみるとあの瞬間が、私がそれまで積み上げてきた自我のタワーが倒れて一気に更地になった体験だった。私にとっては自分の子供にダウン症があるという現実を受け入れるということだったけれど、人によって種類は違えど高く積

み上げてきた、自我の塔が倒れるような突然の変化の経験は、誰にでもどこかの人生のポイントであるのだろうと思う。

それは大きな事故に遭った後の病室で一人目を覚ました時かもしれない。生死に関わる病気が見つかった時の待合の椅子で、立ちがる力の入れ方がわからなくなってしまった時かもしれない。生きがいである仕事を失った帰り道に夜空を見上げて、都会でもこんなに星が見える日があることに初めて気付いた時かもしれない。

突然地鳴りがして、今まで積み上げてきた塔は根っこから押し出され、崩れ落ちた。地面には瓦礫が散らばって身動きが取れなくなった。塔の中にあった物、割れた窓ガラスが散らばって、夜空の月光に反射して星のよう。どちらが空で地面か、どちらが星でガラスの破片の屈折かわからないくらい、星とガラスは共鳴し合い、光に囲まれて言葉を失った。一日一日、ただこの今日の一日を生きることに集中した。

起こった新しい現実を少しずつ受け入れながら、毎日瓦礫を一つ一つ手で拾い、片付けていった。使える物は新しい塔の一部に再利用しようと、小さなヒビがあれば直して磨き上げた。そんな作業をしている時、ふと、塔が壊れる前には気に留めなかったことがなんて尊く美しいんだと、自分が感じるようになっていた。

鳥や虫のさえずりにじっくり耳を傾けてみたり、花の香りに足を止めて癒され、ありがと

う と花に微笑み返してみたり。髪をほどいて木々の間を吹きぬける風を感じてみたり。それは自我の塔が崩れるほどの大きなショックを受けたため、感情の振り子が大きく左右に揺れているからかもしれないし、自分の価値観が大きくリセットされたサインなのかもしれない。そんなふうに私は新しい塔をまた、積み上げていった。

私の塔は再生した。前の塔よりもずっと素敵になった。太陽の光を感じられるステンドグラスの窓を作ってみたり、家の中のどこにいても夜に月を眺められるように天井を吹き抜けにした。たくさん人を呼べるように大きな部屋を作ったし、ゲストルームも作り皆が集えるようにした。

私の塔だけれど、もう私だけの塔ではないことに気が付いたから。私の塔は以前より見違えるほどに立派になった。あなたの塔はどうだろう？　以前のあなたの塔と今のあなたの塔、どう違うか比べてみて。

ステップ95

## パンドラズボックス

あなたは子供にどんなふうに育ってほしい？　どんな大人になってほしい？　と聞かれた

ら何て答えるだろうか？　私の答えは、本人がやっていて楽しいと思うことをやって生きていてほしい。それが誰かのためになることであれば、素敵だろうと思う。逆にどんなに収入が良くても生きていたくないと思いながら人生を送ること、誰かを犠牲にして、見て見ぬふりをして自己の欲望だけに生きるという生き方はしてほしくないなと思う。

昔々、パンドラが開けてしまった箱の中から、病気や盗み、憎しみや妬みなど全ての悪が世界に飛び出してしまった。パンは「全て」、ドラは「与える」。悪でさえ私達には与えられた。私達の生きている、彼らの生きていく世界は善と悪が混沌として共存している。パンドラは驚いて箱の蓋を閉めた。閉じた箱の中から小さな声が聞こえる。「箱の蓋を開けて私も出してください」。箱の底に残ったのは、HOPE（希望）。だから私達にはいつだって希望が箱の底に残っている。どんなに真っ暗な中でも、いつだって一握りの光、希望を感じることができる。

親愛なる私の3人の子供達。私の大切なシャイニングスターズ。どんなにささやかでもいい。世界に光を与える人になって。全ての人は、それぞれが光る星。自ら発光し、ダンスする。お互いを照らし合うためにやってきたことを、それをどうか忘れないで。あなた達はいつまでも私の希望。

ステップ96
# Mother Moon

真っ暗な空に目が慣れていくと小さな星が見え始め、ゆっくりと雲が風に流された瞬間、より大きな光、満月が姿を現す。月は潮の満ち引き、人体の水、感情ともつながっているので満月の日には感情が良くも悪くも全開に満ちる。悪い感情が満ちるとはどういうことなのか？　恐怖の妄想が満ちるということ。それを合気道のやり方で完璧に反転させて良い思考にひっくり返し、あなたの力に変えなければいけない。

良い感情が満ちるとは、はっきりとした夢やビジョンを持つこと。まるで夜空に煌々と浮かぶ満月のように、揺るぎなく堂々と。あなたにとっての恐怖とは何だろう？　私の恐怖とは、挑戦したかったのに理由をつけて、誰かのせいにして簡単な方の道を選んで、最後にあの時あっちの道を進んでいたら……と後悔することだ。

あなたの前に道が2つある。1つは挑戦の道、もう1つは簡単な道。あなたはどちらを選んでいる？　もし恐怖がなかったら、どちらの道を選ぶだろう？

あなたの夢は何？　満月の夜に月を眺めながら、あなたの夢やビジョンをお月様に話してみて。満月の夜、私の子供達は家のベランダからお月様に向かって、りりいが4歳の時に作った歌を歌う。

Moon Moon Mama Moon
Moon Moon Silver Moon
Moon Moon Mama Moon
Moon Moon Silver Moon

ステップ97

## いつも心に太陽を

私はこの20年ほど、友人とお互いをさまよえる小羊と呼び合い、自分達の生活の中でモヤモヤが溜まってくると、さまよえる小羊の会をしよう！　至急〝さまひこ〟会が必要です！と連絡し合い、お互いの人生の中で起こるあれやこれやの悩みを話し合う「さまよえる小羊の会」というミーティングをしている。まあ、会の名前は大層だが、ランチやお茶をしたり、料理を一緒に作ったり、買い物に行って自分では選ばない服を選んでもらったり、そんなことをしながら溜まっていた心にある思いを一つ一つ口に出し、話を聞いてもらう。共感してもらったり、諭されたり、一緒に考えて共にさまよう、略称さまひこ会。

会のモットーは20年間変わらず、おそらくこれからもずっと変わることはなく「いつも心に太陽を！」である。お互いの人生どんな困難な状況の時も「いつも心に太陽をやで！」と言い合ってきた。究極、太陽さえ心にあればそれを信じて、どんな時だって、どんな状況でもやっていける。

太陽とは何だろう？　自分の能力や価値を、ほかの誰でもない自分自身が信頼すること。自分を認め、自分を愛すること。やはり自分で自分を信じる力が弱くなってしまった時、疑ってしまった時、人は簡単に落ち込みさまよって、歩むべき方向を見失ってしまう。

いつも心に太陽を。私は素晴らしい。私には必ずできる。私にできなくて誰ができる⁉　私は私を信じている。私は私を愛している。その調子だ。ほら、モヤモヤの雲が消え、あなたの心にも眩しい太陽が姿を現した。いつも、そしていつまでも太陽をあなたの胸の中に燦々と。いつも心に太陽を！

ステップ98

## それがどうした⁉　それでどうした⁉

この100のステップのタイトルでもある、So what? それがどうした⁉　アメリカに住んでいた頃、異国の生活でのさまざまな生きにくさや思いを書き綴っていた日記帳の表紙に、ある日マーカーで大きく、SO WHAT!! と書いた。それがどうした!! いろいろあるけれどもう全部ひっくるめてそれがどーした！ 超えていこう、線を飛び越えて行こう！ という思いでSO WHAT!! と表紙に書いたことを覚えている。

私はこの言葉が好きだ。大阪弁でいうと、だからなんやねん⁉ 大阪弁にすると急に漫才っぽくなるけれど（笑）。この言葉には、その人が取り憑かれたネガティブな思いをざっくりと切り捨て、一歩足を踏み出し、進ませる力がある。

自分の子供にダウン症がある。障害がある。ストーリーはそこで終わったのではない。お話は始まったばかりだ。次にくる問いかけは、Then what? それでどうした⁉ それでどうなったん？ それで親のあなたはどうした？ それであなた達親子はどう人生を歩む生き方を選んでいくのか？ 大切なのはそう、ここからストーリーをどう綴っていくのか？ 親であるあなた次第で物語は大きく変わってしまう。

親の考え方次第で、親の日々の小さな思いが親子の長いストーリーに大きく影響してしまうことに、細心の注意をしながら、あなたは親として、この物語の中で重要な親の役を与えられたことに感謝しながら、歓喜しながら、小さなビューティーを見つけながら、物語のあなたの役を完璧に演じきってつなげていくのだ。まだ小さい子供にとっての太陽は親。愛を与え、その子の中の愛の種を育てる役。あなたの子供がいつか大きくなって、決して自分を愛する自分の太陽を見失わないように導いてつなげていかなければいけない。それがどうした⁉の後に始まる物語は、素晴らしいストーリーになると、ハッピーエンドへつながっていくと、微塵の疑いもなく信じて。

この物語は愛のストーリー。あなたが深い愛を知り、愛を学び、愛を育て、愛を与え、与えられるストーリー。インディアナ・ジョーンズも顔負けの大冒険や、子供達とお腹がよじれるくらいに笑い転げるコメディーシーンもあるだろう。ほら、こんなことを話しているうちに、もう第二章の幕が上がる時間だ。ステージに上がって！

満員の客席から大きな拍手と共に幕が上がり、あなたを狙ったスポットライトが足に差し込んできた。あなたなら、あなただから、できるよ。そう、前を向いて。

ステップ99
## ワンネスの法則

この世界は水、風、火、大地そして魂の5つのエレメントでできている。海のように満ちては引く感情はカップに入った水のよう。思考や判断力は風をも真っ二つに切る剣のよう。

意思や情熱は割り木に灯した勢いよく燃えるトーチの火のよう。物質的豊かさは、私達が生きるために必要な食物が育つ母なる大地として表される。そして、この4つのバランスをとりながら、偏ることなくジャグリングすると、あなたの足が大地から少し浮き、魂が踊り出す。

パーフェクトバランス。あなたと世界が一つにつながって調和し、あなたの周りにたくさんのシャボン玉が浮かび上がるような幸福の感覚に包まれる。世界と一つになり、あなたが世界になるワンネス。

私はダウン症の一つの特徴である、顔が似通っていることに神がかり的な神秘を感じる。ワンネスの法則を私達に思い出させてくれるために、ダウン症のある人達は遣わされて来たのではないだろうか？　国籍や人種、肌の色の違い、使う言語や文化の違い、宗教の違いによる、分厚い、自分と他者を隔てる差別の壁を一瞬で飛び越える力がある。

彼らが笑うと、その氷でできた分厚い壁を溶かしてしまうような、そんな魔法が彼らの笑顔には宿っている。その笑顔を見た瞬間、なかなか外すことが困難な自分のエゴのマスクが簡単に外れて落ち、他者と自分は一つであると感じるから不思議だ。

世界中のダウン症のある人の顔に私は娘のまりいの面影を見つけ、瞬間的に私はその人を自分の娘のように感じ、その人の家族に対して、自分の家族のように共感し、ボーダーレスな愛を感じる。トリソミー21の顔の特徴を作った3本目の染色体は、実は神なのではないだろうか？　愛と調和を感じた時、私達の魂は何を欲し、次にどんな行動をするだろう？

それは私達がこの世に生まれた理由、私達が生きている理由。大半の人が忘れて、さまよい生きているビゲストシークレット。そう、そしてそれはとてもシンプルな法則。自分のためではなく、誰かのために動くことの喜びに目覚めること。どうしたら喜んでもらえるかな？と考えるとワクワクしてこない？　そのワクワクは、あなたからシャボン玉のような愛の気持ちが吹き出している証拠。

自分が相手に何かをして相手が喜ぶと、自分の心がもっと愛で満たされ嬉しくなる。あなたの持っている才能や技術、環境や職業、それを、誰かを笑顔にするために、支えるために持ち上げてあげるために、誰かのために使おう。誰かを笑顔にするために、それらはあなたに与えられたのだから。誰かのために手を差し伸べ、相手が笑顔になった瞬間、あなたの心にも愛が広がり、あなたも一緒に救われる。誰かを笑顔にするために、あなたはこれから何ができるだろう？

あなたにしか、あなただからこそできることが必ずある。あなたがこれまでの経験でやっと手に入れた大切な賢者の石を、自分のためではなく、誰かのために使って。あなたが誰かのために愛を持って純粋に動いた時、同時にあなたも救われる。なぜなら私達は一つだから。

ステップ100

# スピリット オブ ダウンシンドローム

18年間アメリカに住んでいた友人が日本に帰ってくると言って、仕事を見つけられるかどうか？　と相談を受けた。「英語を教えたらいいやん」と言う私に、「英語は教えたくないな」と友人。「じゃあ学校に登校することが難しい子供達にフリースクールで英会話を教えてほしいと言われたらどう？」と私。「それならぜひやりたい！　そんな子供達の力になれるなんて素敵じゃない！」と頑固な友人の考えがあっけなく変わった。

人のために助けになるといっても誰でもいいわけではない。どんなカテゴリーの人達に自分の心が動くのか？　自分の情熱のスイッチがどんなカテゴリーに対してオンとなるかがポイントだ。自分の心が、ボランティアでも無償でもやってあげたい、そして時間を忘れてあなたがやっていて楽しいこと。あなたが溺れていた海から小さなボートによじ登り、自分のバランスを取り戻し、タワーを再生した後には、その小舟から誰かを引き揚げるために手を差し伸べて。

人々を笑顔にするためにあなたの才能、技術、環境、職業を使う。イノセントな愛を持ってその人達の力になることを始めてみて。それは誰かのためであり、あなたのために、相手を笑顔にするために、愛を持って純粋に動いた時、同時にあなたも救われる。

ジェネロシティ（寛容）、チャリティ（慈愛）、シェア（共有）。分かち合う喜び、それこそが私達が生まれてきた理由、生きている理由。

それをまりいが私に教えてくれた。

それが、スピリット オブ ダウンシンドローム。

That's the sprit of Down syndrome!

ステップ101【おまけ】
## 子育てが始まってからの家族のこと

長男エイデンを出産した次の日、生まれたてのエイデンの写真の添付と共に、夫からこんなメッセージが私の携帯電話に届いた。
"Would you like to join the little monkey doodle fan club? So far I'm the only member."
（あなたも小さいおさるさんのファンクラブに入会しませんか？ 今のメンバーは僕1人だ

けですが)。

私はこう返信した。

"Yes, definitely I will Join it ! So we have two members."

(はい、もちろん入会しますよ! これでメンバーは2人から3人になりましたね)。

思い返してみると、このやりとりが私達夫婦2人の家族になった初めてのやりとりだった。それからりりいが生まれ、そしてまりいが生まれた。またそれぞれのファンクラブに入会しているわけで、私達夫婦は今もこれからも、子供達3人のナンバーワンのファンであり、将来子供達に恋人やパートナーが増えていくことは、それぞれのファンクラブのメンバーが増えていくことだと思っている。


3人の私達のスターについて一人ずつ、少しだけ紹介していこう。

長男のエイデンは、小さい頃から人一倍頑固で、なかなか一筋縄ではいかない自分の意見と正義感を強く持った男の子。誰が教えたわけでもないのに、授業中ですらお城の絵を描きながら、攻め入りにくい強い城の設計をいつも考えている。それがどうこれから彼の人生につながっていくのかが、とても不思議であり、それを見届けるのが私達の楽しみでもある。

長女のりりいは、家族の中で一番運動神経のいいおてんば娘。繊細過ぎるところがあり、

2つあるものをいつも考え過ぎ、後悔することを怖がり過ぎてしまい、1つを選ぶことができない子。いつか自分の道を選ぶ勇気を持って前進していく、そんな後ろ姿を見られる日を私達は楽しみにしている。

次女のまりいは、周りの人をよく観察しているし、よく話を聞いて、自分に何かできないかと、相手のために与えようとする優しい子。まりいにダウン症があることによって、私達夫婦の世の中への視野が広がり、幸福の価値観もより深くなり、人間として成長することができた。これからどんな言葉で、あなたから見えるものや、感じることを私達に伝えてくれるのだろう。それを一緒に共感していけることが、包装紙に包まれたままのプレゼントが目の前にあるようで楽しみしかない。

3人の子供達のファン活動をしている夫婦の会話のほとんどは、子供が今日こんなことをした、こんなことができるようになったという話ばかりになり、出かけたい場所も、ここへ行ったら子供達はどんな顔をするだろう? 喜ぶだろうなという場所に変わった。それまですぐ手に届くところに置いてあった私達の大切な画材は危険な物へと一変し、本棚の一番上で何年かは取り出すこともできず埃をかぶっていた。高い所は重要書類の避難場所となり、片付けても、片付けても、床にはおもちゃが広がった。当時飼っていた猫ですら、ヨチヨチ歩きの子供達を後ろから見守る子守役を自ら引き受けてくれたし、まさに、猫の手も借りながらの子供達が最優先の、忙しく騒がしい生活へと変化した。

子供達が生まれる前、私達夫婦はよく些細なことで喧嘩をしていた。子供達が生まれてからは、子育てで喧嘩をするパワーをもお互い使い切ってしまい、喧嘩をすることもなくなった。「働いてくれてありがとうね」。「家事をしてくれてありがとうね」。お礼を言い合うのが精一杯で、子供達が寝てからアニメではないものをやっと見られると、映画を観ようとするものの、映画が終わる前に2人とも寝落ちしてしまう。あの映画の最後はどうなった？　とお互いがお互いに聞き合い、覚えてないなぁと答え合う。

そんな毎日が普通になった。子供達を育てることは、自分が子供だった頃どのように感じていたか、どんなことを思っていたかという、もう忘れ去っていた子供の頃の記憶を一つ一つ、もう一度体験するような面白い経験だ。子育てで自分の子供の頃のトラウマを癒すということはこういうことかと思えるほど、体の疲れとは対照的に私達の心は癒された。

このステップ101を書くために「私達の生活はどう変わったと思う？」と夫のブルースに質問した。考えてみるとそんな質問をしたことなんてなかった。一生懸命に子育てと向き合って、あっという間に過ぎ去った11年だったから。

「父親になって世の中が全く違うように見えるようになった」とブルースは言う。子供がいない頃は自分のことを考えるのに忙しく、他者をそんなに優しさを持って考える心の余裕もなかったと。子供が一人、また一人と増えていくごとに、自分のハートが大きく広げられるような感じがして、自分が他人を思いやる愛も大きくなるのを感じたと話していた。

特に3番目の子供、まりいにダウン症があることがわかった時は、正直今まで立っていた地面が壊れるような衝撃で、これからどうやって生きていけばいいかわからなくなってしまうくらいではあったけれど、父として家族を支えなければと、一日一日に集中して子育てをしていたら自然とそれが大した問題と感じなくなるくらい、また自分のハートがより大きく強くなったのを感じたそうだ。

「もし、これが小説だったら本当にうまくできた話だよね。スティーブン・キングでもこんな完璧なストーリーは書けないね」と私が言うと、「本当によくできている話だよ。自己中心的な、気ままなアーティスト夫婦の成長のストーリーだ！」と夫は言い、2人で笑い合った。

人生はまるで演劇を観ているようであるという。どの席から観覧していても素晴らしいショーを私達は観ており、同時に喜怒哀楽しながら自らの役を立ち回ってストーリーは続いていく。きっと、ずっとずっと遠い昔、生まれる前に念願のこのチケットを手にして私達はやってきた。子供達とも人生の途中で必ず会いましょうねと約束をしてから生まれてきて、今家族として再会し、共に影響し合い、学び合ってストーリーを紡いでいる。

子育てに奮闘していた11年の時を振り返ってみて、そんなふうに私は今感じている。

# あとがき

日々、ポツリポツリとまりぃのインスタグラムにダウン症のある赤ちゃんを出産したばかりのママからフォローをされるのを見るたびに「今は精神的にしんどいかもしれないけれど、かわいいですよ！　大丈夫ですよ！」とコメントを送りたくなったのですが、そんな言葉を一つ言われても何の助けにもならないだろうという思いもあり、送れないでいました。では私に何ができるのか？　と思った時に、まりぃにダウン症があるということを私がどうして気にならなくなったのか？　泣きながら近所の道を歩いていた私が、今笑いながら娘と同じ道を歩いて登園できるようになったのか？　そこへ至るまでの自分が踏んできたステップを思い出して、等身大で、正直に、細かく文章にして書くことは、新生児のママ達が一日でも早く前向きに子育てを楽しめるようになるヒントになるのではないかな？　と思い立ち、「ダウン症それがどうした⁉と思えるママになるための１００のステップ」と題してインスタグラムに投稿をし始めました。

始めた当初、１００も書いたらもう言いたいこともなくなるんじゃないかなと、安易に決めた数字が１００でした。正直途中50くらいで、あと50ステップもあるのか……どうしようかなと、自分で決めたはずの数に圧倒される時もありましたが、ラッキーなことに幼稚園に通うまりいの子育てをしながら書いていたので、私も日々の子育ての中で、あれやこれや新しい気付きや、新しい私のステップが出現していたため、同時進行で私も一緒に上りながら書いていった100のステップになりました。

後半のステップ78から99までは、最後の精神的な目覚めの山登りとして、タロットカードの大アルカナにインスピレーションを得て、愚者から世界までのヒーローズジャーニーになっています。

0.愚者　1.魔術師　2.女教皇　3.女帝　4.皇帝　5.教皇　6.恋人　7.戦車　8.力　9.隠者　10.運命の輪　11.正義　12.吊るされた男　13.死神　14.節制　15.悪魔　16.塔　17.星　18.月　19.太陽　20.審判　21.世界

ぜひ、読み進めながら、自分自身にとっての皇帝つまり父親とは何だろう？　自分が囚われているもの、悪魔とは何だろう？　とゆっくり考えながら進んでいただけたらと思います。

100のステップを書き始めた当初から、最後の100にはこのメッセージを書こうということだけは決まっていました。誰かのために動いた時に、それと同時に自分自身も救われる、というメッセージを必ず最後にと。

あなたがこの本を読んで、少しでも元気になれたのであれば私にとってこれ以上の喜びはありません。

最後に、この本を手に取ってくださった読者の皆様に心から感謝申し上げます。長年の友人ではありますが「本の帯を書いていただけないでしょうか？」という私の突然のお願いを「まりいちゃんの笑顔の大ファンだから」と快く受け入れてくださった、おいでやす小田さん、心から感謝しております。また、本を素敵に仕上げてくださったデザイナーの土田伸路さん、川尻雄児さんにもお礼を申し上げます。そして何より、番組で取材してくださったディレクターの武藤将大さんと取材班の皆様、本にしてくださった編集の中山広美さんとの出会いとお力添えなくしては、出版できませんでした。

どうもありがとう！

2023年2月

ガードナー瑞穂

ガードナー瑞穂《みずほ》

大阪府生まれ。アメリカ人の夫と長男・長女・次女の3児を子育て中の母。ユニバーサル・スタジオ・ジャパン内のフェイスペイントを行う会社にて、夫ブルースと出会う。結婚後、米フロリダのウォルト・ディズニー・ワールド・リゾートで勤務。日本へ帰国後、長男を出産。キャニオンスパイスの人気商品「こどものためのカレールウ。」のパッケージイラストを担当するなど、イラストレーターとして活動する傍ら、英会話講師のエージェントも行っている。2023年9月、自身と長男との会話をもとに描き留めた「もし僕の髪が青色だったら」のイラストと文が、読売テレビの報道番組「ウェークアップ」で動画絵本として紹介される。次女にダウン症があることから、子育てを中心に、障害と向き合う発信をSNS等で行っている。

特集「もし僕の髪が青色だったら」
(2023年9月30日放送)

カバーイラスト・挿絵/ガードナー瑞穂
カバーデザイン/土田伸路(design cue inc.)
本文DTP/川尻雄児(rams)

# ダウン症《しょう》それがどうした!?と思《おも》えるママになるための100《ひゃく》のステップ

## ～まりいちゃんが教《おし》えてくれたこと

第1刷　2024年3月21日

著者　ガードナー瑞穂

発行者　菊地克英

発行　株式会社東京ニュース通信社
〒104-6224 東京都中央区晴海1-8-12
電話 03-6367-8023

発売　株式会社講談社
〒112-8001 東京都文京区音羽2-12-21
電話 03-5395-3606

印刷・製本　株式会社シナノ


ISBN978-4-06-535348-6